紹興大典

史部

康熙紹興府志

2

中華書局

紹興府志卷之六

山川志三

嶺　峯　尖　崢　阜　巖　嶠　嶼　洞

穴　窠　石　塢　島　丘　岍　林　野

源　砦　古地名

嶺　山陰古博嶺在府城西南四十五里羣峯交峙中有一逕南達楓橋至諸暨界曠寂稀人烟往往虎豹棲止俗訛爲虎博嶺云（宋姚寬詩）北風獵獵駕寒雲低壓平川路欲昏人馬忽驚俱辟易一聲乳虎下前村

不負嶺在府城西三十里舊傳唐蕭翼得蘭亭帖至此喜曰不負此行矣因名

巧溪嶺在府城西南七十里以溪名

看怕嶺在府城西南八十里其路峻嶮行者懼焉

白峯嶺在府城西南一百十里多白石且崎峭

蕭家嶺在府城西南一百里居民多姓蕭

權潭嶺在府城西南一百三十里以潭名

刑塘嶺在府城西五十五里世傳禹築塘於此斬防風氏

古城嶺在府城西六十里越王允常築城處

石斑嶺在府城西七十五里產五色石

箬嶺在府城西六十二里

紫砂嶺在箬嶺北有紫砂

大嶺在府城西六十五里一名梅山嶺延聯七峯

低嶺在府城西六十里比大嶺爲低

會稽憶家嶺在府城南十五里會稽山之東北麓

觀嶺在會稽山因告成觀名

駐日嶺在府城西南八十里刻石山南諸暨縣界

王顧嶺在府城東南六十里相傳宋高宗避金時過此見山水之佳既去猶回顧故云王顧

陶晏嶺在府城東南四十四里王顧嶺北舊經陶弘景隱居於此

日鑄嶺在府城東南五十五里產茶最佳歐陽修歸田錄草茶盛於兩浙日注第一黄氏青箱記日鑄茶江南第一華初平云日鑄山巖天眞清冽有類龍焙昔歐冶子鑄五劍采金銅之精於山下時溪涸而無雲千載之遠佳氣不泄蒸於草芽發爲英榮淳味幽

香爲人資養也日鑄他書及土人皆作鑄字惟歐陽公歸田錄作日注疑公自有所據其後亦有書作注者蓋自歐陽公始也（唐獨孤及詩）冶工鑄劍今已遠此地空餘日鑄山千古尚傳三竈在清遊會有幾人閑天廻鳥道蟠窮壁地接銀河帶淺灣夜夜禪床瞻斗氣五精何日更飛還（明蕭昱詩）旭日高晴散紫煙嶙峋長劍勢參天晴光露氣如秋水何似當年出匣看

駐蹕嶺在府城東南八十里日鑄嶺南鷓鴣峯下宋高宗避金幸台溫回時駐蹕於此土有天華菴頗深雅

干山嶺在府城東南四十里靜林山唐方干隱於此

五峯嶺在日鑄嶺東北五峯如蓮花

龍池嶺在府城東南八十五里東小江之右有龍池

龍王廟

蕭山黨旗嶺在縣南六十里昔有鄉兵結黨樹旗以

拒寇云

壕嶺在縣南六十五里諸暨縣界

諸暨白水嶺在縣東南八十里東陽縣界

善坑嶺在縣西南六十里義烏縣界

皂莢嶺在縣東七十里嵊縣界

陽塘嶺在縣西五十里浦江縣界

餘姚鴈嶺在江之南五里許小黄山邊以漢虞國致雙鴈而名縣東小黄山亦名鴈嶺葢以二黄山名相同而訛云

姥嶺在縣東北十五里東入燭溪湖由此

梅嶺在姥嶺東五里許燭溪西湖南峤由此入梅溪

大古嶺小古嶺在縣東北四十里邵嶴北西走銀塘東入上林

桃花嶺在縣南二十里有古桃樹大可數圍

茭湖嶺在縣南五十里山徑特峻語曰事可省莫上

茭湖嶺

九曲嶺分水嶺俱在縣南八十里大蘭山東

清賢嶺在縣西南三十里隝山南晉謝安支遁許詢數往來焉

埨子嶺在縣西北三里卽勝歸山西南隴

上虞孝聞嶺在縣北十里東漢包全居之其女以孝聞

姥婆嶺二一在縣北七里五桂山西姥婆墓在焉一在縣西南十里坤山西南

筀竹嶺在縣東二十里接餘姚境

白道猷嶺在縣南五十里晉天竺僧白道猷築菴於此

嵊東林嶺在縣東七十里壁立高數百丈登則銜膝難於舉足下則股栗不能留步山頂或戲擲瓦礫必及趾方定無中止者

陳公嶺在縣東七十里舊名城固嶺宋知縣明州陳著有惠政及代去民攀輿泣留祖帳夾道送之嶺上因易今名嶺陡難行宣德初邑人王斯浩捐貲修砌

尼二十餘里又創菴嶺下以棲行旅捨田供茗漿焉

白楓嶺在縣西九十里東陽縣界

大昆山嶺在縣西八十里高數百丈山峽嶮逼下臨深坑路窄處不容足斫木爲棧無異蜀道

重疊嶺在縣西五十里明張㷍詩松間疊石步高低啼鳥幽林聽隔溪七尺枯笻可扶老青鞋香汚落花泥

穀來嶺在縣西北七十里十道志舜耕於此天降嘉穀蓋亦傅會

清風嶺在縣北四十里舊多楓木名青楓嶺巖石甚

峻嶮下瞰深淵波瀉迅急宋臨海王烈婦死節於此因易今名

新昌百步街嶺在縣南三里凡游石城寺者多由此

朱母嶺在縣東六十里洪武中知縣賈驥過嶺腹甚餒出所懷乾餅啖之有父老自山谷中持蜜湯以獻不受民乃歌曰清泉不與盜泉同何事賢侯忍腹空從此區區朱母嶺行人今古挹清風

韓妃嶺在縣南五十里有韓妃墓

銀硃嶺在縣東三十里土紅可作硃

黄罕嶺在縣北五十里唐咸通中觀察使王式敗裘

甫處

蘇木嶺一名松木嶺在縣東北九十里五季時劉萬戸董彥光破馮輔卿於此

喬木嶺在縣南二十里石筍卓立名曰天燭

〔峯〕會稽石傘峯是會稽山之別峯下有范蠡養魚池唐齊抗於峯下置書堂後爲精廬〔唐顧況石傘峯銘〕亭亭石傘有物有名如蓋若傾如芝一莖石傘山東山銜日宮石傘山西山銜月宮南巒北阜首出屹雄元和初楊於陵與其屬來遊賦詩刻石今不存〔宋元厚之詩〕奇峯如傘見遙青玉笥山頭地有靈三逕荒涼丞相隱一篇淸絕放夫銘

義峯在縣東六十里稷山之東南峯頂有黒白二龍池土人建祠焉祈雨輒應其上時有龍見峯下有石名鳳凰窠

上虞楊梅峯在縣西南五十里小江上曰鑄嶺東林壑茂密上多楊梅元隱者王發築友樵齋賦續騷焉

玉屏峯在縣東二十里自餘姚烏膽山來狀如列屏

大寒峯小寒峯在縣北三十里大峯峩峩卓立前淼五湖萬頃沉碧北臨海鷲潮突來峩湧雷迅登之毛骨竦然小峯相連在西北形稍僂然俯

嵊九州峯在縣西八十里絕頂可盡八縣境

新昌蓮花峯在縣東四十五里天姥之西羣峯攢簇

如蓮花高二千五百丈周三十里

嶢坑峯在縣東八十里崔嵬峻峭高千丈周十里

菩提峯在縣東八十里與天台山接上有石似佛

尖山陰梅里尖在府城西南十八里以梅福里得名

東有梅仙塢多桃李梨梅來禽自塢度一小嶺有異

境煙水直至郡城與卧龍相直

餘姚孫家尖在縣東北十五里南趾臨燭溪西湖坂

高而尖秀

白石尖在縣東北四十里游源山南羣山中

新昌黄柏尖在縣東一百里高二千五百丈廣八十里登之可見東海亦名望海岡

第一尖在縣東一百里

峥

山陰越王峥在府城西南一百二十里越王句踐棲兵於此又名棲山上有走馬岡伏兵路洗馬池支更樓故址明王文轅詩每恨高峥未易梯數峯長與白雲齊青浮秦望千尋上影落湘湖萬頃西絶險始知天去遠臥崖頻見鳥飛低十年一踏煙霞頂雨後寧辭沒脛泥

阜　嵊趙公阜在縣北二十里晉永嘉二年石勒亂太常伶人趙姓者與其徒二十餘人避地於此

巖　山陰秋巖在越王山宋葛慶隆藏修之所後卒因葬焉有洞曰仙人洞

會稽郎官巖在少微山宋楊塤詩碧玉莫遮千嶂石黃金難買一溪雲歌鐘沸地徒誇盛爭似松風竟夕聞

諸暨斗子巖在縣南四十里形如斗高出羣峯危峻不可上無草木多竅

餘姚寒草巖在白水山

東巖在汝仇湖邊是東山之支隴

上虞蝘蜒巖在縣南五十里覆卮山右積石玲瓏狀如蝘蜓長百餘丈南卽嵊縣界

嵊蒼巖在縣西南二十五里是爲石山嵊人用石多取於此周童二姓以爲業歲久巖遂成洞洞中積水成池南出半里許爲石獅巖踞於溪滸頭尾四足皆具天成非椎鑿也又西北一石獅袍毬回顧有情勢如牝牡下有蒼崖草堂傳爲俞毋石氏課子昂讀書處

塈巖在縣北七十里高百丈長一里上有行路下可避風雨

新昌掛榜巖在縣學右南明山支隴也蒼翠壁立數十丈下臨碧澗形如張榜其上爲駝峯有巨松一株遠望若蓋巖側有普陀別境

穿巖在縣西五十里其峯十有九曰鵞鼻曰纜舡曰獅子曰賜出岫曰泗洲曰文殊曰普賢曰幞頭曰燕餅曰香鑪曰筆架曰望海曰覆鍾曰卓劍曰棋盤曰新婦曰擺旗曰磬曰馬鞍有石室廣二十餘丈高掛

石壁間中有圓竅東西通隔岸視之如圭竇然故曰穿巖諸峯羅列其上如畫稍寛平處有泉有田獅子峯在田中開口如獅舊有穿巖菴已廢今洞左有伴雲菴也

白傳巖在縣西北五里四面皆蒼緋色中白色一帶如傅粉舊有北鎮廟今移入城內

蝙蝠巖在縣西南十里許巖內有洞其深委迤不可測好事者持燈而入多白蝙蝠

掛鐘巖在縣西南十五里俗傳巖下舊有鐘後飛去

跡存

百丈巖在縣西二十里兩山壁立上合下開中露天光一線有玉華峯瀑布泉盡奇景也

鷄巖在縣東八十里巖壁高百丈中有洞百尺許

熊口巖在縣東七十里山頂有石如獸直立張口

響鼓巖在縣東七十里平潤如鼓拍之有聲

（嶀）上虞成功嶀在縣西南三十里浦陽湯浦之滙入始寧門也嶀屹立臨之世傳謝元破符堅歸爲會稽内史縣人榮焉因共表其里門盡磨平石巖大書深

刻其上云水經注浦陽江東北逕始寧縣嶀山之成功嶠嶠壁立臨江欹路峻狹不得併行行者牽木稍進不敢俯視

嶼　山陰姚嶼在府城南十五里與徐山相近是一小山舊在鑑湖中故名嶼

洞　山陰碧山僊洞在府城西北四十八里巖碧色洞口如井下視莫測北通巨海嘗有人持火深入聞櫓聲隱隱而鳴南有捍沙大王廟

會稽陽明洞在宛委山洞是一巨石中有鑄長組龍

瑞宮旁舊經道家之第十一洞天也一名極元太元之天龜山白玉上經會稽山周回三百五十里名陽明洞天皆仙聖天人都會之所則第十一洞天蓋會稽諸山之總名不獨此石罅也石名飛來石上有唐宋名賢題名洞或稱禹穴唐觀察使元稹以春分日投金簡於此有詩白居易和焉明王新建守仁以刑部主事告歸時結廬洞側因以爲號今故址猶在其謫龍場也名其東洞曰小陽明洞天以寄思云唐元稹春日投簡陽明洞天五十韻全詩闕止錄四句偶因投秘簡聊得泛平湖穴爲探符坼潭因失箭刳嘉泰志

云有刻石在龍瑞宮今不存（白居易和投簡五十韻
青陽行已半白日坐將徂越國強仍大稽城高且孤
利饒鹽煑海名勝水澄湖牛斗天垂象台明地展圖
瓌奇塡市井佳麗溢閭閻句踐遺風霸西施舊俗姝
船頭龍夭矯橋脚獸睢盱鄉味珍蟛蚏時鮮貴鷓鴣
語言諸夏異衣服一方殊擣練蛾眉婢鳴根娃角徒
江清敵伊洛山翠勝荆巫華表雙棲鶴聯檣幾點烏
煙霞分渡口雲樹接城隅澗遠松如畫洲平水似鋪
綠科秧早稻紫笋折新蘆暖踏泥中藕香尋石上蒲
雨來萌盡達雷後蟄全蘇椰眼黃絲類花房絳蠟珠
林風新竹折野燒老桑枯帶襌長枝蕙錢穿短貫榆
暄和生野菜卑濕長街蕪女浣紗相伴兒烹鯉一呼
山魈啼稚子林狖掛山都產業論蠶蟻孳生計鴨雛
泉巖雪飄灑苔壁錦漫糊堰限舟航路堤通車馬途
耶溪岸回合禹廟徑盤紆洞穴何因鑿星槎誰與刳
石凹仙藥臼峯峭佛香爐去爲投金簡來因挈玉壺
貴仍招客宿健未要人扶問望賢丞相儀形美丈夫
前驅駈旌旆偏坐列笙竽刺史旟翻隼尚書履曳鳧

學禪超後有觀妙造虛無髻裏傳僧寶環中得道樞登樓詩八詠置硯賦三都捧擁羅將綺趨蹌紫與朱廟謀藏稷卨兵畧貯孫吴令下三軍整風高四海趍千家得慈母六郡事嚴姑重士過三哺輕財抵一銖送餞歌宛轉嘲妓笑盧　佐飲時炮鱉蠲酲數鱠鱸醉鄉雖咫尺樂事亦須臾若不中賢聖何由外智愚伊予一生志我爾百年軀江上二十卯城中十二衢出多無伴侶歸只是妻孥白首青山約抽身去得無

（宋徐天祐詩）何年靈石措夸娥洞穴雲深鎖碧蘿巨木千章陰翳日陽明時少晦時多（施鈞詩）誰扁陽明曰洞天瓊樓朱戶萬松寒前山倩鶴收仙籙古穴藏龍護法壇欲對香爐分坐石就開玉笥借書看葛洪知我非凡子來饋靈巖換骨丹（元楊仲弘詩）憶昔神禹奠九州兹山會計功始休諸侯玉帛渺何許但見萬水從東流衣冠永閟陽明洞夜聞鬼哭巖之幽珠宫貝闕號龍瑞天造地設非人謀槎牙怪樹凍不死化作千丈蒼龍虬丹洞呀然仙掌裂翠峯巧矣娥眉修梅梁飛去鐵鎖斷往往雷雨生靈湫軒轅繇神極

秘逕海上笙鶴時相投平生閉門讀史記子乃探穴先吾遊明當梜子騎汗漫題詩更在最上頭不妨山水樂吾樂豈有饑溺憂民憂故家喬木尚可求有子有孫百世留卧横玉簫洸歸舟吹散江南萬斛愁（韓性詩）洞天深窅行客疑飈輪碧簡誰能稽倚松長嘯巖壑動放懷未必今人非石氣盤空散成霧檜子無風落青雨草間從問苗龍壇薜荔鱗鱗絡銅虎（又詩）蕙草雪消蜂蝶疑遊子挈榼來何稽少待山桃綴紅糝回首巳隣春事非青風成雲濕成霧洞天深沉栢花雨山深玉殿鎖碧苔天上通明羅九虎（又）日日携壺坐釣磯眼看門外軟紅飛巳無遊騎尋芳亊却訪幽人入翠微石磴欲青春雨足酒爐初冷絮花稀悠然自解登臨意十里香風一棹歸

禹穴之稱蓋自司馬子長始史記太史公自敘上會稽探禹穴漢書司馬遷傳注張晏曰禹至會稽因葬

焉上有孔穴民間云禹入此穴水經注會稽山東有硎去禹廟七里深不見底謂之禹井云東遊者多探其穴然自舊經諸書皆以禹穴繫之會稽宛委山今里人蓋即以陽明洞爲禹穴云唐宋之問有遊禹穴回出若耶詩亦不著其處寶曆中鄭魴於宛委山書禹穴二大字元稹銘而魴序之刻石存焉若據張說似謂穴即禹陵據酈說又似指禹井惟舊經稱飛來石下爲禹穴傳云禹藏書處則指陽明洞然韓昌黎送惠師詩云常聞禹穴奇東去穿甌閩越俗不好古

流傳失其眞則禹穴不可定名久矣宋陳鵠耆舊續聞稱問之洪景盧言禹穴當以陽明洞爲是正德中閩鄭郎中善夫著禹穴記謂得之菲井之上南知府大吉因刻大禹陵碑石則又謂陵爲穴而近日成都楊修撰愼論禹穴又云在巴蜀汝南陳僉憲耀文復駁正之今並錄焉

〔唐宋之問遊禹穴詩〕禹穴今朝到耶溪此路通著書聞大史煉藥有仙翁鶴往籠猶掛龍飛劍已空石帆搖海上天鏡落湖中水底零露白山邊墜葉紅歸舟何慮晚日暮使樵風

〔鄭勳禹穴碑銘〕惟帝聖世時必有符命在昔黃帝始受河圖而定王籙虙羲得神蓍而垂皇策堯配璇璣玉衡以齊七政舜繼成六德文王獲赤雀丹書而演道定謨予亦以謂禹探其穴得開世之符而成

乎水功夫神人合謀而行變化天地定位陰陽潛交五行迭王斗建司節嶽尊山而瀆長川乃至日星雷風禎辭秘奧三綱五紀萬樂百禮人人物物各由身生無非元功冥持至數脗合以及之者王者奉天而行故聖神焉帝皇焉彼聖如仲尼有德而無應故位止於旅人禘弗及生靈乃歎曰鳳鳥不至河不出圖吾已矣夫然後知元命者軒后命者羲受命者曰唐與虞成命者禹備命者文仲尼不受命乃假人事而言故有宗予之說後代無作焉立言者一仁義以束世教聱聵蚩蚩使絕其非望使業之外存而不論予讀夏書無是說司馬子長自敘始云登會稽探禹穴不然蓋禋何傳焉惑矣蒼山之渚呀如淵如陵徙各遷此中不騫雨洗煙空慼然莫窮噫實禹迹之所始終唐興二百八祀寶曆庚午秋九月予從事于是邦感上聖遺軌而學者無述作禹穴碑廉察使舊相河南公見而銘之曰禹穴宜載夏及與泰奚爲而不載古而不載遷與鄭奚爲而載予以謂天德統萬止言其蓋地德統萬止言其載堯德統萬止言其大于川萬

山皆禹之會一符一穴不足爲屍故夏與秦俱不之載而人以之昧雖山之堅雖洞之濊有時而堙有時而兌歲其萬千風雨濤汰亡其嶔岈巃是翳薈鄭與遷斯碑斯載斯時之賴（宋陳鵠耆舊續聞）内翰洪公帥會稽日余嘗乘間謁曰禹穴有二處其在禹廟告成觀穴上有窆石是也其一去禹廟十餘里名曰陽明洞天即稽山之麓有石徑丈餘中裂爲一罅闊不盈尺相傳指此爲禹穴圖經云禹治水投王簡於此穴中未知孰是公云禹穴二字出司馬遷書雖其事不經必是秦漢以來相傳如此張晏注漢書云禹巡狩至會稽而崩因葬焉上有孔穴民間云禹入此穴又不經之尤者要之子長謂上會稽探穴言極其高深也探者取極深之義今陽明穴中投物於中不知其底止當以此爲禹穴可也非謂禹葬之地（魏了翁詩）禹穴無從一罅通禹陵元在亂山中飲泉窆石皆如舊誤却東遊太史公（王十朋詩）好古貪奇司馬遷胸中史記越山川如今禹穴無尋處洞鎖陽明石一拳（明鄭善夫禹穴記）禹穴在會稽山陰昔黃帝藏書

處也禹治水至稽山得黃帝水經於穴中按而行之而後水土平故曰禹穴世莫詳其處或曰即今陽明洞是也文云禹既平水土會諸侯稽功于塗山尋崩遂葬於會稽之陰故山曰會稽穴曰禹穴至今窆石尚存或然也後二千餘年而司馬遷氏來探書禹穴歸而作史記文章煥然爲百代冠說者謂是山川之助也又後千餘年而晉安鄭善夫氏及山陰朱君節王君琥氏來復探禹穴尋黃帝藏書處乃覩梅梁摩挲窆石觀先聖王遺像得禹穴於非井之上徘徊瞻眺想其卑宮而菲食爲之喟然興懷又想其執中用智與臯夔稷卨之爲臣又爲之憮然自失也夫自禹稷以後三千年間遊者不知其幾而惟司馬氏顯此山川之能發爲文章亦惟司馬氏夫三千年而僅得一人於山川顧止以文章顯何哉豈山川之能僅足以煥人文章邪世有不爲文章者於山川何取也自昔至人見轉蓬而造車觀遊魚而造舟得河圖而成卦因洛書而作範咸取諸物也子在川上曰逝者如斯夫不舍晝夜余乃今知所取於山川矣禮登高而

賦余未能賦始記余言如此云（高廩詩古稱宛委穴即是陽明府靈氣朝霞舒神光夜蟾吐中有玉字書襲以金龍組藏之自軒轅發之從夏禹流傳後世人指說無定所吁嗟昌黎公譏俗不好古（楊愼丹鉛錄司馬子長自敘上會稽探禹穴此子長自言徧遊萬里之目上會稽總吳越也探禹穴言巴蜀也後人不知其解遂以爲禹穴在會稽而作地志者以禹廟旁小坎如舂臼者當之噫是有何奇而辱子長之筆耶按蜀之石泉禹生之地謂之禹穴其石杳深人迹不到煩巡撫儀封劉遠夫修蜀志捜訪古碑刻有禹穴二字乃李白所書始知會稽禹穴之誤大抵古人作文言簡而括若禹穴在會稽而上云上會稽下又云探禹穴不勝其複矣禹貢曰雲土夢作乂雲在江南夢在江北互言而括千餘里又曰蔡蒙旅平蔡山在雅州蒙山在雲南今名蒙樂山上有碑具列其事亦四字而括千餘里鄭元孔穎達蔡沈夏僎皆所未至而謬云蒙山亦在雅州如此則禹貢所紀山川無乃俗所謂關門閉戸掩柴扉乎（陳耀文正楊史自敘云

遷生龍門耕牧河山之陽年十歲則誦古文二十而南遊江淮上會稽探禹穴窺九嶷浮於沅湘北涉汶泗講業齊魯之都觀孔子之遺風鄉射鄒嶧戹困鄱薛彭城過梁楚以歸於是遷仕爲郎中奉使西征巴蜀以南南畧邛笮昆明還報命本傳固自明白未浮沅湘輙探蜀穴太史公無乃太濶步乎末又有巴蜀之言更爲何地乎異哉晉書載記云苻堅欲伐晉謂釋道安曰朕將與公謁虞陵於虞嶺瞻禹穴於會稽泛長江臨蒼海不亦樂乎安曰東南區區地下氣厲虞舜遊而不返大禹適而弗歸何足以上勞神駕下困蒼生今云李白所書豈太白在晉漢前耶

風洞在刻石山遇陰雨聞鼓樂聲

玉洞在劍浦山（宋齊唐詩）白石洞間路吾家在其中琴窻與書閣一半是雲封

諸暨玉京洞在洞巖山今人但謂之洞巖其洞十數

重深數十里必秉火以入入必以物記其處洞門相似者多不則迷出路矣宋刁約吳處厚遊焉有詩傳於世嘗有往遊者向余道云洞口有石人二蓋因巖石刻成者將入時見居民大呼來云宜帶席或乾草初不解其意時亦無從得席止携草數擔比入其中洞門乃有卑狹處須傴僂匍匐以行下甚濕必藉以席或草乃可洞中寬厰崎嶇不一火光燭之巖石甚奇峭光潔如洗流水濺濺或滙爲池亦瀉爲溪中一處上乃有竅仰視如巨星屏火視之光射下微辨色

石牀在焉又入則蝙蝠羣來觸撞人面不可前遊者多自此返未有窮其所止者或云深處須行二三日可抵錢塘江蓋亦臆説耳〔宋刁約詩〕千巖萬壑幾重重勝勢回環聳翠峯風靜殿堂無燕雀雲間洞穴有虬龍前山樵晚聲喧斧別寺齋初響答鐘幸有林間三二友藍輿追賞共從容〔吳處厚詩〕洞穴嵌空五六重旁邊突起一孤峯平時花竹常啼鳥早歲風雷或起龍流水聲中僧洗鉢亂雲堆裏客聞鐘莫爲林下歸休計朝德身推許孟容〔又〕秉燭携筇步步前玉京迢遞訪神仙四時自有壺中景一鏬都迷物外天〔明鄭天鵬詩〕我曾踏破天下三十六洞白雲缺何如此洞眞奇絶一級一級探之窈莫窮幽深奇恠陟降百千折外有片片如剪赤霞封中涵老子所秘丹符訣坐忘四子恠石巖回首塵凡俄隔越乳竇津津飲玉泉飛霞仙鼠白如雪頓覺羽化而登仙少室禹穴那能埒我吹洞庭紫鐵簫鳳

吟龍鼈聲清烈聲清烈一聲吹破巖頭雲二聲吹破天邊月三聲四聲兮千巖萬壑金石俱漸裂忽聞雲中仙樂部蔓相和鳴疑近瀛洲閬苑蓬萊闕醉以麻姑酒援筆如揮帚淋磨石骨十丈餘爲我臨池山水詩千首識吾今日共尋幽敢謂神鬼驚兮蛟龍走山靈笑我李賀狂五色心肝疑盡嘔書罷椽筆擲下地希奭偓佺忽相遇授以工金八石丹脫屣牽裳留我住住却三日始歸來歸來世上桃花結實已千歲（劉昺詩）紫壑丹符秘青春玉騎來捫蘿緣熟徑掃石落荒苔入海三山近通天一竅開郎令懸弱水直欲訪

蓬萊

仙巖洞在五泄山宋縣令劉述嘗禱雨有應（宋宋禧詩）翠巖仙洞白雲深躡石捫蘿一訪尋（劉述詩）英英洞口雲觸石纔一縷須臾徧空山霈然作霖雨

餘姚潺湲洞在四明山

石人洞在縣東北石人山洞北向高廣各六尺許常若帚漉其石壁如粉昔有浮屠褁糧持炬而入洞中邃杳不可窮越信宿聞艫聲乃還

吳山洞在縣東北吳山洞面滄海巨浪激撞巖石嵌空旁產牡蠣

上虞薔薇洞在東山是謝太傅遺跡

仙姑洞在縣東南二十五里雙崖峭立高十餘丈中懸石如壁磬下爲洞濶丈餘飛瀑濺沫常若風雨相傳昔有仙女乘鸞來土人因立祠祀之號鳳鳴洞王

是洞亦名鳳鳴洞今歲旱禱焉〈宋史唐卿詩〉何年雷斧鑿山裂六月蒼崖瀉飛雪孤鳳一聲去不聞海水桑田幾興滅我知仙去仙尚存時見眞形坐巖穴青天半夜玉簫寒喚醒幽人舞明月

嵊白雲洞在縣東七十里與金庭山相近風月之夕山中有聞吹笙者相傳王子晉僊去後主治天台華頂號白雲先生往來金庭之間大宰怪誕今山下建白雲祠肖立白雲遺像天亢暘輒往禱洞口雲横雨即霖霈

毛竹洞即金庭洞洞口有竹生毛

趙廣信洞在太白山石沓起如屋可容數人

新昌眞溪洞在縣東四十里洞高四尺濶三尺在山之半壁深不知其底有持炬入者僅數十步風自洞出疾甚炬滅竟不得入匝洞舊植碧桃花時可愛亦名碧桃洞自宋時桃蹊已寖廢今則更蕪棘矣或云曾有入者見天梯石棋枰坐具

隱嶽洞在石城山

水濂洞在縣東四十里大坑之中高十丈廣三丈餘洞口有飛瀑一派從高噴薄而下若垂簾然隨風東

西光輝奪目洞中懸石如豬肝紫色水滴下微紅下有石盆盛之前有石方丈許面有跡若馬蹄名馬蹄巖旁多禹餘糧石其形如拳碎之內有屑如餡或類麻或類豆隨人所欲而應俗傳蓋禹所棄餘糧今化爲石云　濂亦作簾（宋朱文公熹題任氏壁）冉冉兮子猷剡溪也展兮謝安東山也不冉不展其水濂乎水濂其人乎人乎其水濂乎任公成道遊於斯詠於斯朝而往暮而歸其樂豈有涯哉（又詩）水濂幽谷我來遊拂面飛泉最醒眸一片水簾遮洞口何人捲得上簾鈎（明知府沈啓記）新昌之東南萬山嵯峨去縣治四十里有泉出自山巔名曰水濂談越之勝者歸焉嘉靖己酉從監司觀風至天姥而還倚南明之絕壁瀲沃洲之清漪迺隨蹊剪棘百折遡廻抵昌法寺寺之南北爲水濂洞自洞之外觀之環山擁翠谿崖

如龕龕之上石壁峭立三十丈許壁頂有泉深含廣
蓄滋出溢施噴吐成珠聯絡成組蕩漾成文懸注洞
戶真若濂然即洞之下觀之掩映成幌凝止成鑑流
布成滐濡沫成潤利亦溥矣又即洞之內觀之可靣
可床一罅泌乳或謂下有異藏焉莫可的也惟濂之
外繁花皎月隱約熹微遠隔凡界快然虛朗翛然乎
寺隳路榛荊沒空谷嗚呼騏驥鹽車楩楠側室紈綺
裙襦珠玉褻器皆失是也余不忍其蕪沒荊榛命道
人舉其寺葺之繚其閈垣窗其穫蓋俾後之知勝賞
者床於是竈於是汲清流以自飲於是採藥於是煮
禹餘糧之石以爲食於是寧非此遭之偶爲之歷云
時同遊無錫俞汝成富惡霸州王慎徽遂皆余同官夙
有山水
之趣者

穴蕭山許元度隱穴世說許元度隱在永與南幽穴
中每致四方諸侯之遺或謂許曰嘗聞箕山人似不

爾耳許日筐篚苞苴故嘗輕於天下之寶耳

〔窠〕會稽鳳凰窠在義峯下石有一圓竅深一尺廣四尺俗傳鳳毓二雛自此而翔旁有上鳳下鳳沉鳳等村

〔石〕山陰磨鏡石在鏡湖邊任昉述異記世傳軒轅氏鑄鏡於此今石尚存石畔常潔不生蔓草

磨針石在法華山舊傳曇翼誦經山中久無所得乃下山逢老姥磨鐵杵於石上云欲爲針遂感悟還入山修業

淬劍石在越王山

牛口石在寶林山西址石二片出土中如牛吻

笋石在塗山北石出水中如筍

會稽坐石在會稽山南輿地志方石數丈是始皇坐其兩邊方石入所丞相斯以下坐

飛來石在禹穴側世傳自安息飛來上有索痕三條唐宋名賢多題名其上

酒甕石在射的山足三石品峙其狀如甕舊經巨石三在鏡湖東時人謂之秦皇酒甕石按齊唐鑄浦錄

絕湖而濟巖壑相望雙石若甑號秦皇酒甕華鎮考古集若耶溪旁雙石如甕而大世言始皇之所遺也今甕石實有三與齊華二公所記不合以舊經爲正

候孫石在射的山下臨樵風涇涇水漲不常不沒里人以此候水

烏石在義峯之西石甚奇

研朱石在宛委山側華初平云葛稚川旣仙去遺朱研於玉笥山得丹砂之力歲久彌大今爲一巨峯又舊記有牛角石在玉笥山顛不知卽此石否（宋）林景熙詩

頭一星
化爲石
葛仙翁釣石在若耶溪葛稚川嘗投竿坐憩於此謝
康樂兄弟皆嘗遊每至輒酬唱忘歸宋華鎮詩聞說
風流謝客兒鍚原相應日忘歸仙翁遺跡雲深處携手行吟送落暉又一在嵊皇覺寺前絕奇
怪上有釣竿痕甚分明
蝦蟆石在宛委山與龍瑞宮對昔宮廩失粟蹤跡莫
知盜者有方士言盜者朝山之異物也羽流信之命
工鑿損石口患遂息
金鷄石在下竈之前其方數丈世傳有見金鷄飛鳴

石上石遂迸裂舊記會稽有裹金鷄外金鷄（唐羅隱詩）金鷄不向五更啼

落星石在曹娥江中高丈餘寰宇記江潮浩漫石亦不沒舊傳云星隕而化石也宋歐陽修嘗得吳越國封落星石爲寶石山制其制稱寶正六年知其嘗改元然落星石吳越間多有其所封者未知孰是餘姚江中亦有落星石舊志亦謂吳越時封焉數破舟邑人莫若鼎椎去之

蕭山望夫石在鳳凰山石崖間上紅下綠陰雨時望

之宛然一婦人也相傳是里婦其夫溺於海登山佇立以望久之遂化爲石舊郡國志消山下有夫人祠山北湖陰又有消御史廟孤石聳出似婦人艷粧而坐

諸暨新婦石在紫薇山神仙洞旁（明）楊維楨石婦操峩峩孤竹岡上有石魯魯山夫折山華歲歲山頭歌石婦行人幾時歸東海山頭有時聚行人歸啼石柱石婦岑岑化黃土（又詩）亭亭獨立傍溪濱四旁無人水作隣苔髮不梳千古髻翠眉空鎖萬年春霜爲鉛粉憑風傅霞作臙脂伏日匀莫道巖前無寶鏡一輪明月色常新　又會稽山巔亦有新婦石

西施浣紗石在浣江中（唐）李白送祝八之江東賦得浣紗石西施越溪女明艷光

雲海未入吳王宮殿時浣紗古石今猶在桃李新開
映古查菖蒲猶短出平沙昔時紅粉照流水今日青
苔覆落花君去西秦適東越碧山青江幾超忽若到
天涯思故人浣紗石上窺明月樓頡詩過西施昔日浣
紗津石上青苔思殺人一去姑
蘇不復返溪邊桃李爲誰春

一在會稽若耶溪旁

唐宋之問浣紗篇贈陸上人越女顏如花越王聞浣
紗國微不自寵獻作吳王娃女數半潛匿苧羅更蒙
遴一行霸句踐再顧傾夫差豔色奪常人效顰亦相
誇一朝還舊都靚粧尋若耶鳥驚入松網魚畏沉荷
花始覺冶容妄方悟羣心邪欽子秉幽意世人共稱
嗟願言托君懷倘類蓬生麻家住雷門曲高閣凌飛
霞淋漓翠羽帳旖旎采雲車春風豔楚舞秋月纏
笳自昔專嬌愛襲玩惟矜奢達本知空寂棄彼猶沉
沙永割偏執性自長薰修牙攜妾不障道來上妾西
家是詠若耶溪者也在蕭山者名紅粉石不云浣紗

石鼓在五泄山巔狀如鼓擊之有聲 又三 一在嵊 一在新昌

石門在縣西〈宋僧咸潤詩〉雙峯起雲際彷彿五侯門

鷄籠石在草湖港中狀如鷄籠

兎頭石在大江側蕭山縣界

餘姚盤蘿石鬭紫石筊筮石俱在縣東北仙居山

牛眠石在縣西南三十里狀如牛臥田中相傳稻熟時曾出食稻今爲人椎損云

石龜在鳳亭鄉其地多生古苔梅

上虞雙笥石在釣臺山通澤廟前高百餘丈若人晃而立者對峙溪上其顛有異花每杜鵑啼時開若霞

錦宋神宗崩三年不榮高宗崩花忽變白孝宗崩三年若枯既而復茂明正統中郭南作縣志云花已無

聚星石在資聖寺右方廣約五丈高七八尺宋華鎮詩千尺相高卓翠珉雨餘雲外露嶙峋鼎湖龍去蒼髯舞斷三載叢花不記春

葛穉川煉丹石在太平山

藥臼石銚架石馬蹄石俱在西莊山馬蹄石是石上有馬蹄跡一蹄有泉脉不竭又一在嵊縣東北三十里相傳是秦始皇東巡馬蹄所踐跡

嵊禮拜石在縣西六十里眞如寺山腰石上兩穴如

膝跡相傳白道猷禮拜跡也

安禪石在縣北三十里天竺寺前又有破石平破爲兩片

石欄杆在縣西南四十五里與嵊浦相連是溪山奇絕之地宋紹興中有方士李季憩道旁遇異人自石欄下揖季曰君來何爲季曰秦太師遣往桐栢設醮請福其人太息曰秦今死矣張浚劉錡皆當起爲將相秦豈得存耶季大駭亟去比至天台則秦凶問至矣

石筍在西白山長五六丈對立如闕亦奇觀也

石鼓在縣西二十里悟空寺側石形如鼓履之亦響

所謂西鄉石鼓非靈䳒山石鼓也

新昌疊石在縣東七十里三石疊起側臨清澗下有石盤承之竝天成非人力也其地名疊石村

松化石在縣南三十里長潭王氏園中形如松高四五丈亭亭可玩枝節膚理畢具獨無葉耳

石牛在縣西一里官䑃邊

石龜三一在縣東八十里南洲村一在疊石村一在長潭村

石筆在南洲石龜旁尖秀如筆

塢

山陰防塢越絕書越所以遏吳軍也

會稽尙書塢在府城東南三十里齊孔稚圭山園也

澹竹塢在諸葛山左山圍折如城隅皆產瑞竹巔峯拔起數百丈其尖如斛名石斛尖

蕭山朱室塢水經注句踐百里之封西至朱室謂此然又以爲在浙江西岸今縣新志有朱家塢在洛思山麓云漢朱儁之後俱塟於此

餘姚嚴陵塢在客星山下十道志嚴子陵避光武聘居此

新昌桃花塢在縣南八里（明王洪詩）石溪溪上媚春光萬樹桃花絳雪香不似天台流水處壺麻仙飰引劉郎

島會稽方千島在會稽山東北麓俗呼寒山唐方干別墅也舊在鑑湖中故曰島一名笋莊（于自爲詩）寒山墅鏡心此處是家林梁燕窺春醉巖猿學夜吟雲連平地起月向白波沉猶自聞鐘角棲身可在深（又）世人如不容吾自縱天慵落葉憑風掃香秔倩水春花朝連郭霧雪夜隔湖鐘身外能無事頭宜自此峯（又）前山含遠翠羅列在窗中盡日入不到一樽誰與同凉隨蓮葉雨暑避槲條風豈分長岑寂明時有至公（又）散拙亦自遂粗將猿鳥同飛泉高爲月獨樹逈含風果落盤盂上雲生筵筍中未甘明聖日終作釣魚翁（又）莫問終休否林中事已成盤飧憐火穩歲計付刀耕栩木皆花氣聽松估雨聲書空翹足臥避險側身行果傍

閑軒落蒲連濕岸生禪僧如見理妻子笑無名更擬
教詩苦何曾待酒清石溪魚不大月樹鵲多驚砌下
通樵路窗間見縣城雲山任重疊難隔故交情〔又〕樵
獵兩三戶凋疎是近隣風雷前蟄雨花木後巖春交
字不得力桑麻難救貧山禽欺稚子夜犬吠漁人未
必聖明代長將雲水親知音不延薦何路出泥塵〔又〕
日與村家事漸同燒松啜茗學隣翁池塘月撼芙蕖
浪窗戶涼生薜荔風書幌晝昏嵐氣裹巢枝夜折雪
聲中山陰釣叟無知已窺鏡尋多鬢欲空〔又〕歆枕亦
吟行亦醉臥吟行醉更何營貧來猶有故琴在老去
不過新髮生山鳥踏枝紅果落家童引釣白魚驚潛
夫自有孤雲侶可要王侯知姓名〔又〕沙邊賈客喧漁
市島上潛夫醉筝莊〔又西島言事〕歲計有時添橡栗
生涯一半在漁舟〔齊己詩〕賀監舊山川空來近百年
聞君與琴鶴終日在漁船島露深秋石湖澄半夜天
雲門幾回去題徧好林泉〔崔塗詩〕把君詩一吟萬里
見君心華髮新知少滄洲舊隱深潮衝虛閣上山入
暮窻沉憶宿高齋夜庭枝識海禽〔李山甫詩〕交交戛

戛水禽聲露洗松陰滿院清溪畔印沙多鶴跡檻前題竹有僧名問人遠岫千重意對客閑雲一片情早晚塵埃得休去且將書劍事先生（鄭谷詩）野岫分開徑漁家疏掩扉（宋徐天祐詩）平生心事白鷗知一卷雲菴處士詩占得鏡中奇絕處秖緣身值廣明時

（丘）上虞姚丘在縣西四十里一名桃丘俗傳舜所生處旁有虞濱嬀石風土記云舜生於姚丘嬀水之內指石之東蓋後人傅會其說也

（岸）上虞東西赤岸在縣西南四十五里舊志云舜生時垂虹所照下有虹樣村有握登聖母祠

新昌藕岸在縣北二十里

竹岸在縣東三十里

林 山陰南林在府城南吳越春秋范蠡在越見處女出於南林越王聘之問以劍戟之術華鎮考古云處女善劍隱於南林句踐招訓戰士遇叟自稱袁公求較藝以策爲劍而試之枝窮投策化爲白猿入林

會稽鳳林華鎮考古云在五雲門外世傳禹受圖籍是時鳳凰鳴飛依於林木今鳳林鄉取此

嵊袁稠家林唐李端寄稠詩花洞滿沉沉仙壇隔杏林汲泉春谷冷採藥夜窻深石上開仙酌松間割玉琴戴家溪北住雪後去相尋

野

會稽樂野在府城東七里越絕書越王弋獵大野故謂樂野其山上石室句踐所休謀也又名樂讀村

源

嵊桃源在縣南三里舊經劉晨阮肇剡縣人入天台遇仙此其居也（宋林槩詩）繡被歌殘人竟遠桃花源靜客忘歸

砦

蕭山西陵砦皮光業讚錢武肅廟碑云漁浦鼉石翼張下營蕭山西陵林次列砦

古地名

古冶在府城東南舊經引會稽志銅牛鐵冶越王鑄劍之所所以銅滓不生草木

東冶嚴助傳閩王舉兵於冶南注會稽山名也今名

東冶

雙童吳越備史唐光啓二年錢王鏐以錢爽守雙童〔唐宋之問詩〕溪邊逢五老橋下覓雙童〔又李紳西陵詩〕未見雙童白鶴橋

秦稽古詩多用之蓋似謂秦望會稽云〔宋顏延年和謝靈運還舊園詩〕跂予問衡嶠易月瞻秦稽〔唐孟浩然久滯越中詩〕未能忘魏闕空此帶秦稽

越王都水經注湖中築塘直指南山北即大越之國秦改爲山陰縣會稽郡治也吳越春秋所謂越王都埠中在諸暨北界山陰康樂里有地名邑中者是句踐所立宗廟在城東明里中

大吳王村小吳王村水經注並是闔閭夫差伐越所
舍處也今悉民居然猶存故目又名吳王里
孟村在上虞始寧鄉以孟嘗所居得名今仍多孟姓
者
強口剡錄王謝諸人雪後泛舟至剡徘徊不能去取
水飲之曰雖寒強飲一口今其地出布名強口布在
縣北二十里
九里舊記後漢丘龍萇隱居處也山多龍鬚竹徐伯
珍嘗移居之階戶木生連理石壁夜有赤光俄頃滅

淮陽里一名淮陽宫舊經引夏侯曾先地志越王之
宫范蠡立於淮陽今會稽縣北三里甘滂巷是也越
絕書離臺周五百六十步今淮陽里丘未詳
蜂扶里在漁浦湖旁傳是舜漁處村民繞湖亂居故
名其地爲蜂扶里
粟里舊經舜供儲在此
弘訓里在嵊縣水經注吴黄門郎楊哀明居弘訓里

紹興府志卷之六

紹興府志卷之七

山川志附圖

餘姚江圖　鑑湖圖

湘湖圖　夏蓋湖圖

上妃白馬二湖圖

餘姚江圖
官衙
西
江口
江口庵
上河
官廳
小閘

橋
江口新庵
江口新橋
東
餘姚江
大江口垻
北

鑑湖圖
南
秦望山
鑑湖亭
道士庄
和尚橋
西
鑑湖鋪
則水牌
西墅斗門
廣陵斗門
新逕斗門
陶家堰
白樓閘
白樓堰
中堰
石堰
胡桑堰
沉釀堰
蔡家堰
葉家堰
許堰
章家堰
賓舍堰
抱姑堰
西小江
北

東山江
天柱山
南鎮
蒿尖
會稽山
山川壇
禹陵
東
方干島
三橋閘
曹娥斗閘
曹娥廟
樊家堰
許家堰
彭家堰
王家堰
曹娥江
陶家堰
茅洋堰
正平堰
樊江堰
石堰
則水牌
小陵閘
東郭堰
都泗堰
都泗閘

湘湖圖
德惠祠
望湖亭
蕭山
教場
小山
石岩山
黄家灣
壓烏山
斗門
韓家嶺
眉山
荷山
碧山
童家湫
上湘
廟山
鳳林穴
亭子頭

菊花山
龜山
周婆湫
金二穴
划地港
門
下湘湖
九里湫
跨湖橋
井山
黃家湫
越王臺
柳塘穴
北埧
歷山北
小墩
蝦蟆墩
河墅堰
潑鴨墩
湖
南埧
莊墎
歷山南
楊蕲山
楊蕲穴
許賢霪

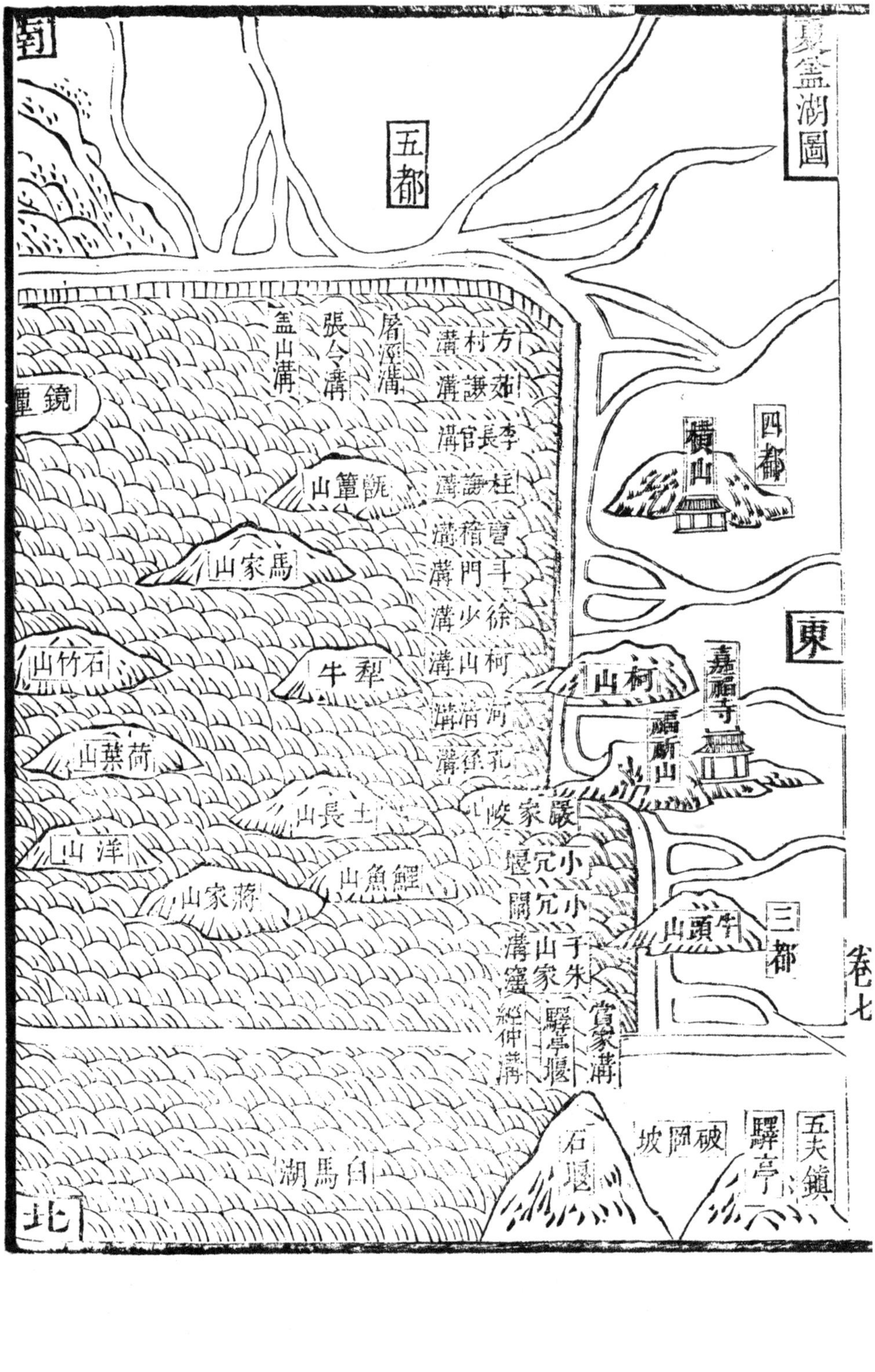
夏盖湖圖
五都
四都
横山
東
嘉福寺
三都
卷七
五夫鎮
驛亭
破岡坡
石堰
白馬湖
北
鏡
張令溝
盂山溝
屠涇溝
馬家山
石竹山
荷葉山
洋山
蔣家山
土長山
鯉魚山
嚴家畈
小穴堰
小穴閘
山家溝
朱子
驛亭堰
賞家溝
紹仲溝
柯山

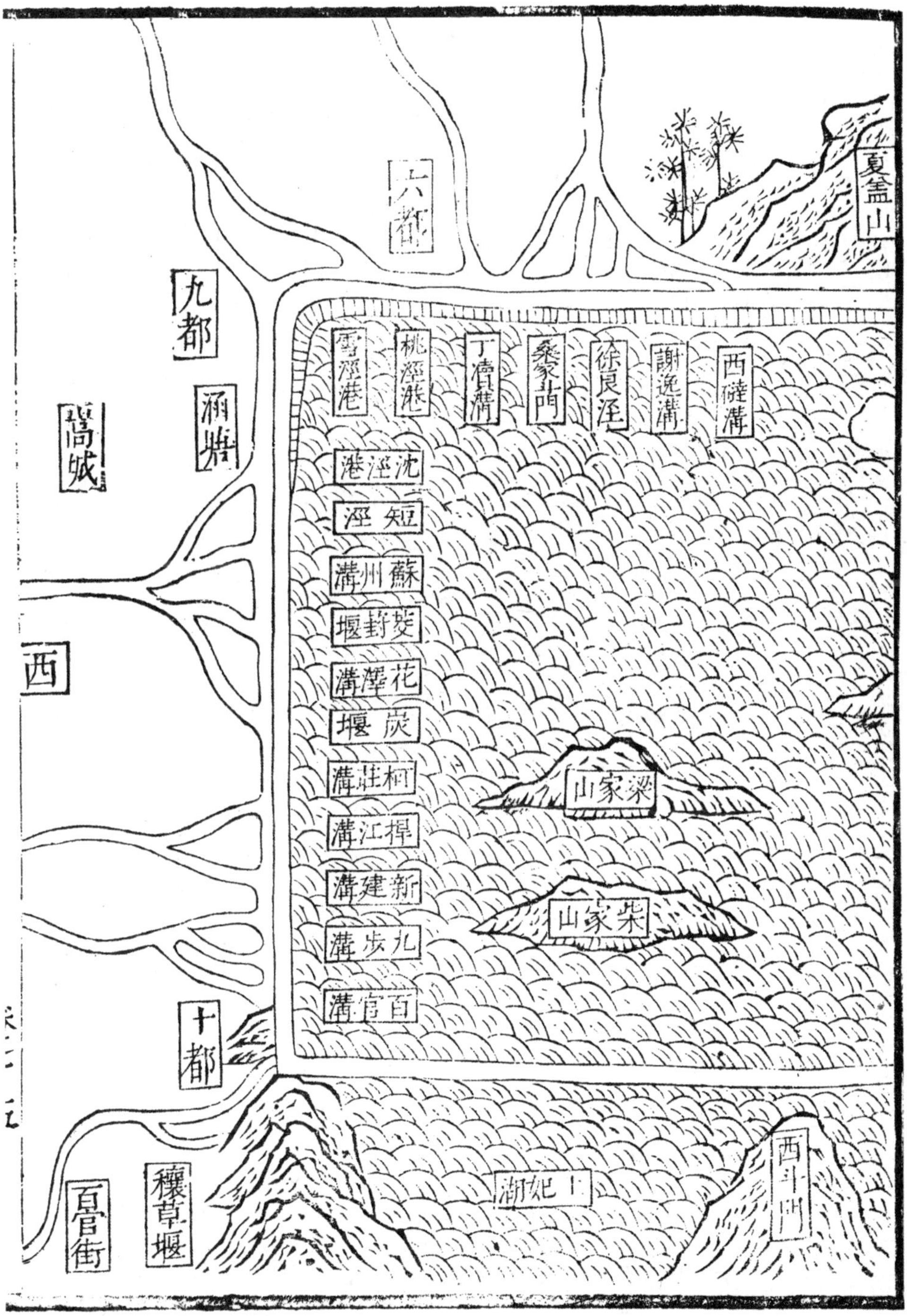
夏盖山
六都
九都
溺塘
嵩城
西
雪涇港
桃涇港
丁瀆溝
蔡家閘
徐良涇
謝逸溝
西礁溝
沈涇港
短涇
蘇州溝
斐封堰
花澤溝
炭堰
柯莊溝
捍江溝
新建溝
九步溝
百官溝
梁家山
柴家山
十都
百官街
穰草堰
上妃湖
西斗門

上妃白馬二湖圖
南
西
北
楊家溪
孝聞嶺
金罍井
頋仙寺
明教寺
大板山
龍山
潘家斗
旌教寺
門嶺山
廣利庙
上妃湖
西横塘
洗馬
馬步
印篆山
義公墅
巧家山
九鄉山
馬尾跳
佛跡山
西斗門
穰草堰
百官

五夫市
筆架山
法界寺
道德廟
横塘廟
月山
大祖廟
横塘瀝
釣魚山
東
孔堰
石灶
白馬湖
銀山
玉几山
塔山
富家山
石堰
羊山
驛亭
夏盖湖

紹興府志卷之七

山川志四

海　江　河　湖

海

府境北邊海所屬五縣蕭山去海二十里山陰去海四十里會稽去海二十里上虞去海六十里餘姚去海四十里博物志天地四方皆海水相通地在其中蓋無幾四海之內皆復有海也初學記凡四海通謂之裨海外乃復有大瀛海環之一曰百谷王又曰朝夕池日天池亦云大壑巨壑海中山曰島洲曰嶼

今紹興北海乃海之支港猶非裨海也王粲海賦云翼鶩風而長驅集會稽而一睨是也北流薄於海鹽東極定海之蛟門西歷龕赭入鱉子門抵錢塘而江湖之水宗焉商賈苦內河勞費或泛海取捷謂之登潬潬者海中沙也遇風恬浪靜瞬息數百里狂飈忽作亦時有覆沒或漂流不知所往若暑薄涼微天雨初霽海中則有蜃氣夾雲而興倏忽變幻千態萬狀大爲奇觀秋冬值風雨之候又時有海氛彌望蓊鬱云（宋謝景初觀氛詩）海上風與雨未朕氣先升澤鹵繼山侵蓊鬱相薰蒸交語面已障安辨丘與陵衣

穢帶葦綏臭腥殊可憎自非昌其陽安
免疾癘秉君子卻陰邪何必醫師能

海潮晝夜凡再至朝曰潮夕曰汐卯酉之月特大於餘月朔望之後特大於餘日大卽洶湧功高十餘丈其非時而大者謂之海溢宋朱中云適遇巨風推之而來後浪擁前故忽大而且久不退又夏則晝小而夜大冬則夜小而晝大俗謂潮畏熱畏寒云蕭山潮候率遲於餘姚昔人謂餘姚平來蕭山者必登渾而後至非也地勢高下然耳唐盧肇海潮賦文太多且不專越地今不載海潮賦後序竊以海潮之事代或迷之今輒依洛下閎張平子何承天等以渾天爲法水與地居其半日月繞乎

其下以證夫激而成潮之理并納華裔郡國環以二十八宿黃道所交及立北極爲上規南極爲下規以正乎日月之所由升降其理昭然可辨謂之潮圖施諸紛繢庶將無闕（日至海成潮入圖法八月之望日在翼軫之間此時潮最大今立此望之夕日入初於時在戌見潮初生之候（渾天載地及水法）地浮于水天在水外天道右轉七政左旋日入則晚潮激於左日出則早潮激於右潮之小大則隨于日月近則小遠則大）西溪叢語舊於會稽得一石碑論海潮陰陽依附極有理不知其誰氏觀古今諸家海潮之說者多矣或謂天河激涌亦云地機翕張盧肇以日激水而潮生封演云月周天而潮應挺空入漢山涌而濤隨析木入梁月行而水大源殊派異無所適從索隱探微宜伸確論今宋祥符九年冬奉詔按察嶺外嘗經合浦郡沿南溟而東過海康歷陵水涉恩平住南海迨由龍川抵潮陽洎出守會稽移蒞句章巳上諸郡俱沿海濱朝夕觀望潮汐之候者有日矣得以求之刻漏窮之消息十年用心頗有準的大率元氣噓

翁天隨氣而漲斂溟渤往來潮隨天而進退者也以日者衆陽之母陰生於陽故潮附之於日也月者太陰之精水乃陰類故潮依之於月也是故隨日而應月依陰而附陽盈於朔望消於朏魄虛於上下弦息於輝朒故潮有小大焉今起月朔夜半子時潮平於地之子位四刻一十六分半月離於日在地之辰次日移三刻七十二分對月到之位以日臨之次潮必應之過月望後東行潮附日而又西應之至後朔子時四刻一十六分半日月潮水俱復會於子位其小盡亦然惟次日移三刻七十三分半是知潮常附日而右旋以月臨子午潮必平矣月在卯酉汐必盡矣或遲速消息之小異而進退盈虛終不失其期也蕭山新志以此爲龍圖學士燕肅海潮論豈令威所云譙氏者即燕公耶或後人誤以屬燕也元吳亨壽答嚴豈論潮書坎本月之體月本水之精月與水一而已矣月一晝夜凡一加午故潮一日再生月一日退天十三度十九分度之七故潮日遲於一日所以初二之潮晝遲而入十八之夜十八之潮夜遲而入初

三之晝也一月之間生明生魄潮亦再盛焉生明之潮則是前月二十六長水謂之起信歷晦朔至月三日謂之大信初四潮勢漸殺謂之落信歷上弦至月十日謂之小信生魄之潮則自十一始長歷望至十八而盛自十九始殺歷下弦二十五而衰其起落大小之信亦如之天下之至信者莫如潮生落盛衰各有時刻故曰潮信月於一月之間漸進而縮一日潮於兩信之内漸進而縮兩潮秋月最明秋潮最盛亦其理然也或曰月之說然則潮之候亦宜月半以前由微漸大月半以後由大漸微今乃於明魄之生兩盛焉何哉曰月一月一週天而一日之内則一加子一加午者也潮於月加于午之時一日再至故亦於月生明魄之日一月再盛月之一潮之再若不相似而實相感召非深于理者未易語此潮晝夜再上杭人有爲詩括之者曰午未未未申寅卯卯辰辰巳巳巳午午朔望一般輪此晝候也初一日午未初二日未初十六日如初一夜候則六時對衝其大槩如此若大夜潮起水大大小之度則四時不同春三月初一

十六午未大夜子正初二十七未初大夜子末初一十八未正大夜丑初初四十九未末大夜丑末初五二十申正下岸夜寅初初六廿二寅末漸小晚申末初七廿二卯初漸小晚酉初初八廿三卯末漸小晚酉正初九廿四辰初小晚酉末初十廿五辰末交澤晚戌正十一廿六巳初起水夜戌末十二廿七巳正漸大夜亥初十三廿八巳末漸大夜亥正十四廿九午初漸大夜亥末十五三十午正極大夜子初秋與春同夏初四十九夜丑正初五二十申初下岸夜丑未初六廿一寅初下晚申正初七廿二寅末小晚申未初八廿三卯初小晚酉初初九廿四卯末小晚酉正初十廿五辰初交澤晚酉末十一廿六辰末起水夜戌初十二廿七巳初漸大夜戌末十三廿八夜亥初十五三十午末大餘亦同春冬初一十六夜子初初二十七未正大初三十八未末大初四十九申初大初十廿五夜戌初十二廿七十三廿八夜同夏十四廿九夜亥正十五三十午正漸大夜亥末餘亦與春同

凡水之入于海者無不通潮而浙江之潮獨稱奇初來僅若一線漸近則漸大頭高十數丈亘如山嶽奮如雷霆銀崖橫飛雪檻層起噌吰澎湃觀者目眩涉者心悸漢枚乘七發所云觀濤乎廣陵之曲江即此枚爲吳濞郎中浙江時正屬吳易吳曰廣陵浙曰曲騷客語固然每八月十八日遠近人聚觀之然大率多在西岸錢塘境善泅者泝濤出沒謂之弄潮宋治平中杭州守蔡襄作戒弄潮文熙寧中兩浙察訪李承之奏請禁止然終不能遏至今猶競爲之會稽石碑或問

曰四海潮平皆有漸惟浙江濤至則亘如山岳奮如雷霆水岸橫飛雪岸傍射澎騰奔激吁可畏也其漲怒之理可得聞乎曰或云夾岸有山南曰龕北曰赭二山相對謂之海門岸狹勢逼湧而爲濤耳若言狹逼則東溟自定海吞餘姚奉化二江併之浙江尤甚狹逼潮來不聞濤有聲也今觀浙江之口起自纂風亭北望嘉興大山水闊二百餘里故海商船舶畏避沙潬不由大江惟泛餘姚小江易舟而浮運河達于杭越矣蓋以下有沙潬南北亘連隔礙洪波蹙遏潮勢夫月離震兌他潮以生惟浙江潮水不同月經乾巽潮來已半濁浪堆漲後水益來於是益於沙潬猛怒頓湧聲勢激射故起而爲濤耳非江山淺逼使之然也宋朱中潮賾錢塘潮燕公所謂沙潬已盡其理諸論盡廢夫水盈科而後進未及潬則錢塘之江尚空空也及既長而冒之自潬斗瀉入江又江沙之漲或東或西無常地潮爲沙岸所排助其激湧震天動地嶻嶭而來水之理也蓋潬中高而兩頭漸低高處適當錢塘之衝其東稍低處乃當錢清曹娥二江所

入之口錢清江口潬最低潮頭甚小曹娥江口潬稍
高于錢清故潮頭差大（元）聚伯宣浙江潮候圖說龕
赭山並峙下有沙潬跨江東西三百餘里若伏檻然
潮之入于浙江也發于浩渺之區而頓就斂束逼礙
沙潬回薄激射折而趨于兩山之間拗怒不洩則奮
而上躋蓋兼取山潬兩義云潮牘文太繁不盡載（枚
乘七發）客曰將以八月之望與諸侯遠方交游兄弟
並往觀濤乎廣陵之曲江至則未見濤之形也徒觀
水力之所到則邱然足以駭矣觀其所駕軼者所擢
拔者所揚汩者所溫汾者所滌汔者雖有心略辭給
固未能縷形其所由然也怳兮忽兮聊兮慄兮混汩
汩兮忽兮慌兮仮兮儻兮浩廣瀁兮慌曠曠兮秉意
乎南山通望乎東海澒洞兮蒼天極慮乎崖涘流攬
無窮歸神日母汨東流而下降兮或不知其所止或
紛紜其流折兮忽繆往而不來臨朱汜而遠逝兮中
虛煩而益怠莫離散而發曙兮內存心而自持於是
藻槩胷中灑練五臟澹澉手足頮濯髮齒揄棄恬怠
輸寫淟濁分決狐疑發皇耳目當是之時雖有淹病

滯疾猶將伸傴起躄發瞽披聾而觀望之也況直眇小煩懣酲醲病酒之徒哉故曰發蒙解惑不足以言也太子曰善然則濤何氣哉客曰不記也然聞於師曰似神而非者三疾雷聞百里江水逆流海水上潮山出內雲日夜不止衍溢漂疾波湧而濤起其始起也洪淋淋焉若白鷺之下翔其少進也浩浩溰溰如素車白馬帷蓋之張其波湧而雲亂擾擾焉如三軍之騰裝其旁作而奔起也飄飄焉如輕車之勒兵六駕蛟龍附從太白純馳浩蜺前後駱驛顒顒卬卬椐椐彊彊莘莘將將壁壘重堅沓雜似軍行訇隱匈礚軋盤湧裔原不可當觀其兩旁則滂渤怫鬱闇漠感突上擊下律有似勇壯之卒突怒而無畏蹈壁衝津窮曲隨隈踰岸出追遇者死當者壞初發乎或圍之津涯荄軫谷分迴翔青篾銜枚檀桓弭節伍子之山通厲胥母之場淩赤岸篲扶桑橫奔似雷行誠奮厥武如振如怒沌沌渾渾狀如奔馬混混庉庉聲如雷鼓發怒庢沓清升踰跇侯波奮振合戰于藉藉之口鳥不及飛魚不及迴獸不及走紛紛翼翼波湧雲亂

蕩取南山背擊北岸覆虧丘陵平夷西畔險險戲戲崩壞陂池決勝乃罷瀄汩潺湲披楊流灑橫暴之極魚鱉失勢顛倒偃側沋沋湲湲蒲伏連延神物怪疑不可勝言直使人踣焉洄闇悽愴焉此天下怪異詭觀也太子能彊起觀之乎太子曰僕病未能也（唐李白橫江詞）海神來過惡風迴浪打天門石壁開浙江八月何如此濤似連山噴雪來（劉禹錫浪淘沙詞）八月潮聲吼地來頭高數丈觸山迴須臾却入海門去捲起沙堆似雪堆（羅隱江潮詩）怒聲洶洶勢悠悠羅剎江邉勢欲浮漫道往來存大信也知翻覆向中流任拋巨浪疑傾底猛過西陵似有頭至竟朝昏誰主宰好騎赤尾問陽侯（朱慶餘看潮詩）不知來遠近但見白峩峩風雨驅群玉魚龍逆上波聲長勢未盡曉去夕還過要路橫天塹其如造化何（又詩）木落霜風天氣清空江北里見潮生鮮飈出海魚龍氣晴雪噴山雷鼓聲雲日半陰川漸滿客帆皆過浪難平高樓遠望無窮意丹葉黃花繞郡城（宋范仲淹詩二首）何處潮偏盛西陵無與儔誰能問天意獨此見潮頭海

浦吞來晝江城打欲浮勢雄驅島嶼聲怒戰貔貅萬叠雲纔起于尋練不收長風方破浪一氣自橫秋高岸驚先裂羣源怯倒流勝凌大鯤化浩蕩六鰲遊北客觀猶懼吳兒弄弗憂子胥忠義者無覆巨川舟（又）把酒問東溟潮從何代生寧非天吐納長逐月虧盈暴怒中秋勢雄豪半夜聲堂堂雲陣合屹屹雪山行海面雷霆聚江心瀑布橫巨帆連地震羣檣望風迎踴若蛟龍鬪奔如雨雹驚來知千古信回見百川平破浪功難敵驅山力可并伍胥神不泯憑此發威聲（蘇軾中秋看潮詩三首）萬人鼓譟懾吾儂猶是浮江老阿童欲識潮頭高幾許越山渾在浪花中（又）吳兒生長狎濤淵冒利輕生不自憐東海若知明主意應教波浪變桑田（又）江神河伯兩醯雞海若東來氣吐霓安得夫差水犀手三千強弩射潮低（陳師道詩二首）潮頭初出海門山千里平沙轉面間猶有江神憐北客欲將奇觀破衰顏（又）漫漫平沙走白虹瑤臺失手玉杯空晴天搖動清江底晚日浮沉急浪中（齊唐觀潮詩）何意滔天苦作威狂驅海若走馮夷因看平

地波翻起知是滄浪鼎沸時初似長平萬甿震忽如圓嶠六鰲移直應待得澄如練會有安流往濟時〔元佚仁近詩〕一痕初見海門生頃刻長驅作怒聲萬馬突爲天鼓碎六鰲翻背海山傾遠朝魏闕心猶壯直上嚴灘勢欲平寄語吳兒休踏浪天吳罔象正縱橫〔貝瓊詩〕山摧岸折晝冥冥動地西風帶蜃腥滄海倒流呑日月青山中裂走雷霆欲招白馬今無迹莫信神魚尚有靈一氣虛空自升降乾坤與我亦浮萍〔張光弼詩〕世代消沉是此聲幾回東下復西傾翻騰日月迷朝夕歛蕩魚龍定死生啣石毋憐精衛小投膠未見濁河清眼前波浪猶如此莫向蓬山頂上行

〔江〕山陰西小江在府城西北四十五里其源分自諸曁之浣江歷五十里入縣境初經天樂鄉西北入蕭山折而東北入於海舊記又云西通錢塘江後爲江

潮湧塞舟至不能行或久雨則隣田大受其害正統十二年詔從山陰人王信奏命蕭山山陰二縣起役濬之天順元年知府彭誼建白馬山閘以遏三江口之潮閘東盡漲爲田自是江水不通於海矣嘉泰志云越漁者楊父一女絕色爲詩不過兩句或問何不終篇答曰無柰情思纏繞至兩句即思迷不繼有謝生求娶焉父曰吾女宜配公卿謝曰諺云少女少郎相樂不忘少女老翁苦樂不同且女有少年公卿耶翁曰吾女詞多兩句子能續之稱其意則妻矣示其篇曰珠簾半牀月青竹滿林風謝續曰何事今宵景無人解與同女曰天生吾夫遂偶之七年春忽題曰春盡花隨盡其如自是花謝曰何故爲不祥句楊曰吾不久於人間矣謝續曰從來說花意不過此容華楊即瞑目而逝後一年江上烟光溶曳見楊立于江中曰吾

本水仙謫居人間後儻思之即復謫下不得爲仙矣

錢清江在府城西五十里浦陽江下流漢劉寵投錢處也今通爲運河江廢〔嘉泰志〕云蕭山王兵部絲嘗發地得小青石版甚薄上刻詩三首八分小字甚工妙詩云搖漾越江春相將采白蘋歸時不覺夜出浦月隨人又曰家寄征河岸征人久遠遊不如潮有信每日到沙頭又曰乘曉南灘去參差波浪痕前洲在何處孤恨與誰論不知何人詩也〔明高啓詩〕夜辭西陵館霜容猶叫歘津卒未具舟天險不可越漁商雜候渡寒立沙上月蒼烟隱遥汀益覺潮長濶開櫂散驚鳬海色曙初發朧朧前山來稍稍後嶺沒中流聞鼓角隔岸見城闕客路得奇觀臨風悶俱豁〔又〕錢清渡頭船夜開黄茅苦竹聞猿哀客官釃酒水神廟風雨滿江潮正來蒸飯炊魚坐蓬底不覺舟行兩山裏棹歌早過越王城東方未白啼鴉起

會稽東小江在府城東南九十里亦名小舜江西爲

會稽東爲上虞其源出浦陽江東北流經陽浦入曹

娥江（唐陸羽詩）月色寒潮入剡溪清猿叫斷綠林西昔人已入東流去空見年年江艸齊（皇甫冉詩）江上年年春艸津頭日日人行借問山陰遠近猶聞日暮鐘聲

曹娥江在府城東九十二里以漢曹盱女娥孝名亦

界會虞二縣中又名上虞江初學記凡江帶郡縣以

爲名者則會稽江山陰江上虞江是也其源自剡溪

來東折而北至曹娥廟前又北上虞志云至龍山下

名舜江又西北折入于海潮汐之險亞于錢塘埛沙

陪溺常爲民患諺曰鐵面曹娥王稱登客越志微波鱗鱗一葦可航然土人有鐵面之謠當是其風浪時耳中流有落星石〔梁〕劉孝綽上虞鄉亭觀潮詩　昔余筮賓始衣冠仕洛陽無貲秪有任一命忝爲郎再踐神仙側三入崇賢旁東朝禮髦俊虛薄厠賢良遊談侍名理擱管創文章引籍陪下膳橫經忝上庠誰謂服事淺契濶變炎涼一朝謬詋吏結緩去承光烹鮮徒可習治民終未長化鷄仰季智馴雉推仲康此城臨夏穴橚植茂筠篁孝碑黃絹女神濤白鷺翔遨遊佳可望釋事上川梁秋江凍雨絕返景照移塘纖羅殊未動駭水忽如湯乍出連山合時如高蓋張漂沙黃沫聚嵒石素波揚榜人不敢唱舟子詎能航離家復臨水眷然思故鄉中來不可絕奕奕苦人腸沂洄若無阻謝病返清障〔唐〕蕭頴士越江秋曙詩　扁舟東路遠曉月下江濆瀲灔信潮上蒼茫孤嶼分林聲寒動葉水氣曙連雲曒日浪中出榜

歌天際聞伯鸞常去國安道惜離羣延首剡溪近永言懷數君（元韓性詩）隔岸檣竿著暮鴉待舟人立渡頭沙數拳頑石生雲氣一半斜陽有浪花（明王稺登渡曹娥江詩）會稽逢夏至朝日散羣峯問路有千里過江非一重空山祠粉黛荒塚薶芙蓉寂莫無人問曹娥與蔡邕

蕭山浙江在縣西十里其源自南直隸徽州府黟縣來經富陽縣一百五十里入縣境北轉海寧入于海以有曲折之勢故曰浙江又名浙河莊子云浙河之水是也又江之西爲錢塘縣曰錢塘江（水經注引錢塘記云郡議曹華信議立塘以防海水始開募有能致一斛土者即與錢一千旬月間來者雲集塘未成而不復取載土石者皆棄而去塘成因號錢塘即捍江塘也浙通志及蕭山新志皆從此說謂江名本此按錢塘之名

自秦時已著吳甫昭稱錢塘江爲三江之一亦在六代前謂本華信築塘事或未然江之中有
羅刹石曰羅刹江縣八景羅刹潮聲卽此石巉巖數破舟五代
時潮沙漲沒今已不見又有定山曰定山江定山亦
名漸山今蓋屬錢塘縣潮衝山卽回說文云別流爲
氾至山陰會爲浙江漢地里志穀水自太末東北至
錢塘入浙江水經漸江水出三天子都北過餘杭東
入于海注浙江一名漸江史記秦始皇三十七年至
錢唐臨浙江水波惡乃西北百二十里從狹中渡徐
廣曰蓋餘杭也江今爲錢塘蕭山二縣界舟楫渡處

江面舊可三十里近沙灘漲出漸狹不二十里其海口濶處乃七十里西湖志按酈道元水經注浙江水出丹陽黟縣南蠻中又東北經建德州又北至新城縣東北至富陽縣又東北過錢塘縣與今水道符合其云東經靈隱山下東合臨平湖又東經禦兒鄉又東經槎瀆注于海與今不合盖槎瀆近臯亭山而海又在其東南相去甚遠非入海處也豈地勢移易而向之斥鹵漲成平陸耶　梁任昉濟浙江詩　昧旦乘輕風江湖忽來往或與歸波送乍逐翻流上近岸無暇目遠峯更與想綠樹懸宿根丹崖頹久壤　劉孝綽還渡浙江詩　秋季弦望後輕寒朝夕殊商人泣紈扇客子夢羅襦憂來自難遣況復阻川隅日暮愁陰合繞樹噪寒烏濛漠江烟上蒼茫沙嶼蕪解纜辭東越按軸騖西徂懸帆似馳驥飛棹若驚鳧言歸遊俠窟方從冠盖衢　唐駱賓王晚泊江鎮詩　四運移陰律三翼泛陽侯荷香銷晚夏菊氣入新秋夜烏喧粉堞宿鴈下蘆洲激霧籠邊徼江楓遶戍樓

轉蓬驚別渚迸名謝蟻丘還嗟帝鄉遠空望白雲浮孫逖夜宿浙江詩扁舟夜入江潭泊露白風秋氣蕭索富春渚山潮未還天姥岑邊月初落烟水茫茫多苦辛更聞江上越人吟洛陽城闕何時見西北浮雲潮溟深孟浩然初下浙江舟中口號八月觀潮罷三江越海尋回瞻魏闕路無復子牟心齊江問同舟人潮落江平未有風輕舟共濟與君同時時引領望天末何處青山是越中浙江西上留別裴劉二少府西上浙江西臨流恨解携千山疊成嶂萬壑合爲溪石淺流難泝藤長險易躋誰憐問津者歲晏此中迷薛據西陵口觀海詩浙江漫湯湯近海勢彌廣在昔坏渾疑融爲百川決地形失端倪天色漸混瀁東南際萬里極目杳無象山形乍浮沉潮波忽來往孤帆或不見棹歌猶嚮像日暮長風起客心空振蕩浦口霞未收潭心月初上林嶼幾遭廻亭皐時偃仰歲晏訪蓬瀛真遊非外獎馬戴浙江夜宿詩落帆人更起露草滿汀洲遠狖啼荒嶠孤螢溺漫流積陰開片月爽氣入高秋去去奚爲戀寒芳時一遊劉滄浙江晚渡

懷古詩）蟬噪秋風浦古堤荻花寒渡思凄凄潮聲歸
海鳥初下艸色連江人自迷碧落晴分平嶂外青山
晚出穆陵西沙邊一見垂綸者却憶舊居明月溪（盧
綸渡浙江詩）前船後船未相及五兩頭平北風急飛
沙捲地日色昏一半征帆潮浪濕（宋元遺山江漲詩
江晴千里赤一雨垣屋敗漸故以江名暴與衆壑會
初驚沙石捲稍覺川谷隘雷風入先驅大塊供一噫
千帆鼓前浪萬里接後派崩崖不暇顧拔木無留碍
憑陵如藉勢洄洑各有態平分作舒徐怒觸忽碎壞
雲蒸楚樹杪雪映商嶺背髣髴千丈潮恍與海門對
傾飛鬬蛟鼉然犀出鱗介五侯當陰族萬首露光怪
羣雞濟偃蹇鉦鼓亂碙磕永懷疏鑿力重嘆神禹大
乾坤海爲壑未碍變横潰納汙非無處
流惡聊自快投詩與龍盟滌蕩煩一再
浦陽江又名小江在縣東南十五里其源出金華府
浦江縣北流一百餘里入諸暨縣與東江合流至官

浦浮于紀家滙東北過峽山又北至臨浦注山陰之麻溪北過烏石山爲烏石江又北而東至錢清鎮則名錢清江又東入于海今開蹟堰以遏上流塞麻溪以防泛溢而江分爲二

嘉泰志禹貢三江既入震澤底定韋昭云三江者松江錢塘江浦陽江蓋江之名尚矣越絕云浦陽者越王句踐兵敗衆潰于此故曰浦陽去山陰五十里今土人以錢清爲古浦陽也酈道元水經注浦陽江導源烏傷縣東逕諸暨與泄溪合東廻北轉逕剡縣縣開東門向江江廣一百餘步又云柯水東北逕永興與浙江合謂之浦陽江漢書灊水即浦陽江別名自外無水以應之又云浦陽江東北逕始寧縣嶀山其北即嶀浦又云東逕上虞縣南至王莽之會稽地名虞賓又云餘暨之南餘姚西北浙江與浦陽江同歸海又引闞駰十三州志江水至會稽與浙江合自臨浦南

逼浦陽江其說不一自相牴牾謝惠連西陵遇風詩昨發浦陽汭今宿浙江湄韻譜云水之相入爲汭又云水北曰汭汭自浦陽江北流入浙江二水參錯其名曰汭宜矣始寧今上虞縣嵊浦嵊山皆屬嵊縣虞實屬上虞又按餘姚江臨平湖在浙江以西其源殊別餘暨卽諸暨距餘姚二百餘里謂餘姚西北浙江入海非也蓋此江東北流自山陰會稽泝曹娥江始至上虞餘姚嵊縣謂東回北轉入上虞嵊縣斯可矣道元未嘗身履浙東故其誤如此後人遂認此江爲上虞江其失寖遠以地里考之自浦陽江至曹娥百餘里豈當時曹娥之名未著亦名浦陽耶或陵谷遷變舊流不循其故道耶〔十道志〕浦陽江有琵琶圻岸有曹娥碑信此則曹娥江卽浦陽爾文選注浦陽汭經上虞謝康樂山居賦注浦陽江自嵊山東北逕太康湖其說皆誤今山陰二十里有柯橋其下爲柯水然則浦陽江與柯水一源由蕭山達于浙江古今不易也今按上虞縣志曹娥江始實名浦陽其源自東小江亦由浦江來十道志婺州浦江江之導源出此是

知浦江一源而分二派一北由諸暨直下至山陰蕭山間爲錢清江酈所謂逕諸暨與泄溪合餘暨之南與浙江同歸海至會稽與浙江合自臨浦南逼者皆是也一則紆而東至嵊縣出始寧門乃折而北至上虞會稽間爲曹娥江酈所謂東回北轉逕剡溪始寧虞賓餘姚西北者皆是也謝康樂山居日擊爲賦又自爲灉不應有誤惠連謂昨發今宿若錢清似不須隔宿餘暨乃蕭山舊名非諸暨曹娥未溺之前江固當有名且今曹娥廟當運河渡口故其名特著若稍南稍北又自不以曹娥名謂當時曹娥名未著亦名浦陽似是酈說亦未甚牴牾但身則實未至浙東秖據籍槩括不免稍有淆錯耳

郡舊志註云浦江一源分爲二派其說實非乃是二源二派也謂曹娥未溺之先其江亦名浦陽得之矣

按今嵊縣之西南與義烏接界義烏之西與浦江接

界兩接界處其山自東而西馳水分入字山陽之一水入嵊爲曹娥山背之水入諸暨爲浣江浣又分而爲二一達山陰之錢清由白洋入海一達蕭山之臨浦由錢塘入海此實蹟也今之義烏與嵊縣接界處舊必隸浦江後析入義烏者故曹娥江亦名浦陽耳諸暨章大修平事身至其地今訂正

諸暨浣江在縣南五十步亦名浣浦又曰浣溪曰浣渚北過縣分爲東西下江中有浣紗石〔唐〕王昌齡詩錢塘江上是誰家江上女兒全勝花吳王在時不得出今日公然來浣紗〔元稹詩〕浣浦逢新豔蘭亭詫舊題〔于濆詩〕會

稽山上雲化作越溪人枉破吳王國徒爲西子身江邊浣紗伴黃金梔雙腕倏忽不相期思傾趙飛燕妾家基業薄空有如花面嫁盡綠驄人獨自盤金線

上東江源出孝義開化二溪自東陽入縣界西北流東南諸溪皆會接超越溪下瀨溪合爲洪浦江凡十餘里過洋湖經街亭港入浣江

上西江源出豐江自浦江入縣界東北流合黃沙溪合南源西源二水合上瀨溪歷安華步八十餘里山澗小水六七支皆入其中過黃白山橋至了港口與東江合入浣江

下東江從浣江分自五浦宣家步缸竈步草湖港自
塔陡亹無慮七十餘里至三港
下西江元天曆中州同知阿思蘭董牙所浚從浣江
分由竹橋新亭晚浦長瀾浦至三港亦七十餘里與
東江復合東西兩江既合名大江北流無慮二十里
雜受湄池金浦諸水至兎頭石出縣界由尖山臨浦
入錢塘江也舊由麻溪入錢清今不復通矣
餘姚江在縣南十步許又名舜江取義皆以舜亦歷
山舜井之類也江橋西舊産蕙亦稱蕙江焉江潤四

十丈孔靈符記發源于太平山過斷溪西至于上虞通明壩東折而北五十里中凡十餘曲東流過江橋又東過鹹池滙復十餘曲又東過慈溪之西渡又北入于海凡三百里海潮一日夜再至而水不鹹鄉諺曰四十日高晴鹹潮至丈亭丈亭東去姚江四十里不三四日鹹潮漸入姚境引以灌稼穡輒槁是惟大江勝千斛之舟王稱登客越志過壩即姚江水才一線是日夏至大熱行李圖書蒸蒸若甑中仰視翠壁夾岸溪流如東劃之心涼舊藏趙承旨重江疊嶂黄子久姚江曉色二圖每疑丹青過實今觀此景乃

知良工苦心又云夜半乘潮過丈亭初八日雨姚江增濶數尺江上山半入雲中如白幘㬋巾下垂綠髮處處流泉並出水銀匹練空中亂垂比來日風景益奇夜泊姚江驛石楔如林兩城夾江初九日大雨姚江驛登舟龍泉嵐氣盡在雉堞之上望孫忠烈祠拱立而過江橋湍水盤渦千尺爲機度綆始得進舟師顏色如土

（宋王安石詩）山如碧浪翻江去水似青天照眼明喚取仙人來往此莫教辛苦上層城（又）軋軋櫓聲急蒼蒼江日低吾行有定止潮汐自東西（明尚書孫文恪燧蕙江春泛詩）雨霽春山翠欲浮高人邀我恣行遊烟堤繚繞鶯啼樹雲水瀠廻鷺立洲雪鬢已增潘岳恨江花更喚杜陵愁且拚酩酊

未歸去落日微風共泛舟〔王穉登過姚江詩〕白雲丹嶂路盤盤千里都從枕上看何必雪中堪訪戴青山五月自生寒〔又〕日日清江日日山看時曲曲聽潺潺誰言江水如衣帶不繫鄉心一夕還〔又〕山縣行來不見花扁舟一葉小如瓜柔腸已作千廻結莫笑江流曲似蛇

菁江在縣西十五里受縣西諸鄉及上虞東鄉之水滙于姚江〔唐權德輿詩〕越郡佳山水菁江接上虞〔宋王安石詩〕村落蕭條夜氣生側身東望一傷情丹樓碧落無處所惟有江山照眼明

上虞通明江在縣東十里即餘姚江上流其西自運河入于江

〔河〕運河自西興抵曹娥横亘二百餘里歷三縣蕭山

河至錢清長五十里東入山陰逕府城中至小江橋長五十五里又東入會稽長一百里其縱南自蒿壩北抵海塘亦幾二百里舊經云晉司徒賀循臨郡鑿此以溉田雖旱不涸至今民飽其利明王穉登客越志西興買舟已在蕭山境上此地舟行如梭捲蓬蝸居不可直項挿一竹于船頭有風則帆無風則縴或擊或刺不間晝夜二十里蕭山驛聽潮樓甚偉日暮過剡溪山川映發水木清華暖深堰曲清波蕩漾數十里皆作碧瑠璃色新田綠漲若拂柔參差十樹一

村五樹一塢門扉隔竹人面半綠憶吾鄉義興卷書溪長若衣帶遊者比之武陵桃源而此處居人意殊不覺所謂司空見慣耳吾宗子敬謂應接不暇良非過稱宜乎晉代名流考槃相望今其遺墟尚在精靈何之不知可能騎鶴翩翩雲中下來也四十五里山陰梳上過六十里紹興郡廿五日早過樊江去紹興五十里時朝旭初升郡峯盡出嵐容如沐紫翠濯濯與管建初指揮四顧鄰船皆驚又八十里渡曹娥江

按蕭山至郡城不由剡溪味其所叙景物似是柯橋

錢清處諸溪流瀉入運河耳又云暮抵紹興郡溪清木茂山水名都石壁插江二三里如翡翠舟行手捫綠蘿而過月下過蓬萊驛篙師夜行唐人越中寒食詩綠楊陰轉畫橋斜舟有笙歌岸有花盡日會稽山色裏蓬萊清淺水仙家明王稺登夜過山陰詩二首一曲清溪一曲歌風流其奈昔人何暮山非雪看皆白流水如琴聽亦多謝墅無棋那可賭蘭亭有酒且相過盤餐莫笑茅容儉明日書成好換鵝又剡溪新水綠漫漫曾酒銀罌弃作寒白日無多容易落青山一半不曾看千年自欲同徐稺五月非關訪戴安不是風流堪應接舟中何得客愁寬會稽道中江東名郡古無雙處處青山照玉釭竹箭一流明客枕芙蓉兩岸夾船窓清猿夏斷稽山廟急雨潮平孝女江此地何須嘆淪落買臣頭白始爲邪

府城中又有府河在府東一里跨山會界向爲市民所侵漸淤隘嘉靖四年知府南大吉疏闢之王守仁記越人以舟楫爲輿馬濱河而廛者皆巨室也日規月築水道淤隘蓄洩既亡旱澇頻仍商旅日爭于途至有鬬而死者矣南子乃決阻障復舊防去豪商之壅削勢家之侵失利之徒胥怨交謗從而謠之曰南守瞿瞿實破我廬瞿瞿南守使我奔走人曰吾守其厲民歟何其謗者之多也陽明子曰遲之吾未聞以佚道使民而或有怨之者也既而舟楫通利行旅歡呼絡繹是秋大旱江河龜坼越之人收穫輸載如常明年大水民居免于墊溺遠近稱便又從而歌之曰相彼人矣昔揭以曳矣今歌以楫矣旱之熇矣微南侯兮吾其焦矣霪其彌月矣微南侯兮吾其魚鱉矣我輸我獲矣我游我息矣長渠之活活矣維南侯之流澤矣人曰信哉陽明子之言未聞以佚道使民而或有怨之者也紀其事于石以昭來者

又聞之故

老河之在市其縱者自江橋至植利門其橫者自九節橋至清道橋皆壅窄甚大弗利於舟南公晝擬斥廬舍以廣河計所斥率六尺許眞郡中一大利也而豪右嚮侵爲世業者輙共譁以爲大不便會罷官而止其後知縣張鑑稍濬學河固以爲士然民亦便之

季本記會稽儒學南北東界水水自植利門入北流經隆興橋東折爲南渠又自隆興橋北流過通市橋東折爲北渠皆會于東雙橋北流入海渠近市壘久無濬治北渠漸就淺隘僅通小舟南渠由儒學泮池至軍器局西則民間埭而爲池淤而爲圃東亦如之故道盡失嘉靖丙申邑諸生上復渠議于諸司咸報曰可而豪右各便其私人持一說或曰軍器局故福果蔴寺地寺本北向臨北渠局之南門寺後址也今

廢渠當由局西南折而東直接毛家漊以合北渠水于東雙橋之南觀毛家漊見存形迹似一故道也故曰當由局南東折而北直接丘家宅池以入北渠而復東流以合東雙橋南之水觀丘家宅池見存形迹似亦一故道也然自元以來埋没已久故老無復能知的處故當時議者准據局西有三池東有四池如貫珠然謂故道宜在此乃遂因七池之勢橫貫珠局中而曲折以達于毛家漊議遂定而功則未興也會南充張侯鑑來尹

吾邑乃竣其事

簟醪河　一名投醪河又名勞師澤在府西二百步山陰境華鎮考古云句踐謀霸與國人共甘苦行師之日有獻壺漿者跪受之覆水上流士卒乘流而飲之人百其勇一戰遂有吳國也唐大和六年觀察使陸

亘重浚華又云即府東大河然俗多以府學前直河爲是或又謂是新河北滙水水經注投醪即浙江蓋自府河東西諸流皆達于浙江也總之莫得的也宋徐天祐詩往事悠悠逝水知臨流尚想報吳時一壺能遣三軍醉不比商家酒作池

縣河東自蓮花橋西通王公池縣者山陰縣也

山陰三江城河在三江所城下是各縣糧運船往來之道

江北河在西江之北大海之南每爲潮水灌入沙塗壅積遇澇輒溢遇旱即涸

新河在府城西北二里唐元和十年觀察使孟簡所
浚

會稽御河在府城東南十五里自董家堰抵寶山宋
攢陵河也

蕭山西河在縣西一百五十步南通崇化諸鄉之水
北通運河東西兩岸相去約三丈

塘河在縣南一里北抵蘓家潭南抵白露塘

菊花河在縣南一百步受街衢之水南注蘓家潭今
湮塞

諸暨白水河在縣北二里源出縣湖穿城由北水門入于河沿城横入浣江

餘姚東横河在縣東北二十五里源出燭溪湖東至雙河東北至觀海西流過石堰南入于江嘉靖十五年縣丞金部浚深之

西横河在縣西三十里源出牟山湖西流入于上虞北至臨山

長泠河在縣西北二十五里源出上虞之長壩又出牟山湖東至于菁江北至海塘

制河在縣東北三十五里游源銀塘諸溪之水出焉北流爲游涇東北溢于雙河西北會于東横河

上虞運河在縣治前通衢之南東接通明堰西距梁湖壩綿三十里源出百樓坤象諸山由溪澗會注于河瀦滀沙湖西溪二湖水以通舟楫資灌溉殺于孟宅清水二閘第河淺窄旱則枯澇則溢宋陸游詩鄞江久不到乘興偶來游漲水崩沙岸歸雲抱縣樓舊有則水牌二一在九獅橋側一在姜家橋南今皆湮沒城內河向爲居民所侵嘉靖三年知縣楊紹芳歸河南侵地爲牽路約廣六尺自

通明門抵晝錦門自後往來舟皆由城內頗稱便十四年知縣張光祖因災餘復歸河北地自通濟橋至水館亭約長五十丈廣八尺連南者共二丈九尺矣然說者猶云歸官未盡也

新河在縣東北十里舊水道北由百官渡抵菁江南由曹娥渡抵通明江永樂九年鄞人郟度以通明江七里灘阻塞不便上言將縣後舊溝開濬名後新河置西黃浦橋直抵鄭監山堰復舊通明壩又開十八里河直抵江口壩官民船皆由之路雖不甚便然免

潮侯之難嘉靖三年知縣楊紹芳折西黃浦橋作凳橋舟復由城中行而黃浦橋東至十八里河則仍郟度迹不改

省河在縣東十里說者云運河昔日積雨關壅邑令浚此河欲以殺運河水勢然兩河止隔一小堤風濤上下撞擊其土易隳一決則如建瓴勢下流尤被害未見其利也

五夫河在縣東北三十五里納夏蓋白馬上妃湖水東達餘姚西橫河注于江

嵊新河在縣東北三里往昔剡溪由西而北環城出
艇湖及後水暴漲溪南徙不由故道古溪遺址尚存
隆慶六年知縣朱一椅鳩工自東門外引河流迤北
入古溪兩岸築以石堤邑人立石題曰朱公河然盈
涸靡常萬曆四年夏知縣譚禮復議濬治既祀告而
以覡行署縣事教諭王天和縣丞林濟卿主簿鄭輅
協力治之
湖府城內錢湖在府東三里許周可二三畝俗呼爲
觀音池上有興福院今廢

山陰鏡湖在府城南三里亦名鑑湖任昉述異記軒轅氏鑄鏡湖邊因得名或云黃帝獲寶鏡焉或又云本王逸少語山陰路上行如在鏡中游是名鏡湖又名長湖又名大湖水經注浙江又東北得長湖口湖廣五里東西百三十里沿湖開水門六十九所下溉田萬頃北瀉長江湖南有覆斗山周五百里北連鼓吹山山西枕長溪溪水下注長湖山之西嶺有賀臺又云石帆山北臨大湖水深不測傳與海通何次道作郡常于此水中得烏賊魚其源出會稽之五雲鄉

綿跨山會二縣周三百五十八里總納二縣三十六源之水東至曹娥西至西小江南至山北至郡城其初本湖汐往來之區漢永和五年太守馬臻始築塘畜水溉田九千餘頃又界湖爲二曰東湖曰南湖南湖所灌田大約在今山陰境東湖所灌在今會稽境自宋永和以來民咸利之唐元宗時賜賀知章鑑湖一曲又名賀監湖宋祥符後民漸盜爲田二湖合而一（祥符中盜湖爲田者二十七戸慶曆間爲田四百頃）熙寧中盧州觀察推官江衍被遣至越不能建議復湖乃立牌于水以牌內

之湖聽民入租爲田凡八十餘戶爲田七百餘頃至郡守王仲嶷又并牌外者盡田之占湖爲田者二千四百餘頃今則皆爲起科田湖盡廢矣俗呼白塔洋爲鏡湖長十五里蓋其一處耳

宋謝惠連泛南湖至石帆詩軏息陸途初櫂鼓川路始漣漪繁波漾參差層峯峙蕭疎野趣生逶迤白雲起登陟苦跋踄躃聆樂心耳卽玩玩有竭在興興無已

唐賀知章採蓮曲稽山罷霧鬱嵯峩鏡水無風也自波莫言春度芳菲盡別有中流采芰荷

又回鄉偶書離別家鄉歲月多近來人事半消磨惟有門前鏡湖水春風不改舊時波

李白子夜吳歌鏡湖三百里菡萏發荷花五月西施採人看隘若耶回舟不待月歸去越王家

送王屋山人魏萬詩遥聞會稽美且度耶溪水萬壑與千巖崢嶸鏡湖裏秀色不可名清輝滿江城人遊月邊去舟在空中行此中久延佇入剡尋王許笑讀曹娥碑沉吟黄絹語越女詞

鏡湖水如月耶溪女如雪新粧蕩新波光景兩奇絶孟浩然與崔二十一遊鏡湖寄包賀二公詩試覽鏡中物中流見底清不知鱸魚味但識鷗鳥情帆得樵風送春逢榖雨晴將探夏禹穴稍背越王城府掾有包子文章推賀生滄浪醉後唱因子寄同聲李頎寄鏡湖朱道士詩澄霽晚流濶微風吹綠蘋鱗鱗遠峯見淡淡平湖春芳艸日堪把白雲心所親何時可爲樂夢裏東山人元稹和樂天早春見寄詩雨香雲淡覺微和誰送春聲入棹歌萱近北堂穿土早柳偏東面受風多湖添水色消殘雪江送潮頭湧漫波同受新年不同賞無由縮地欲如何又絶句山翠湖光似欲流風聲鳥思却堪愁西施顏色今何在但看春風百草頭又次樂天十八韻鳫思欲回賓風聲乍變新各携紅粉妓俱絆紫垣人水面波疑縠山腰紅似巾柳條黄大帶菱葑綠文茵雪盡纔通屐汀寒未有蘋向陽偏曬羽依岸小游鱗浦嶼崎嶇到林園次第巡墨池憐嗜學丹井羨登真雅嘆游方盛聊非意所親白頭辭北闕滄海是東隣問俗煩江界蒐田想渭津

故交音信少歸夢往來頻獨喜同門舊皆爲列部臣三刀連地軸一葦礙車輪尚阻青天霧空瞻白玉塵龍因雕字識犬爲送書馴勝事無窮境流年有限身懶將閒氣力爭鬬野塘春（白居易酬微之誇鏡湖詩）我嗟身老歲方徂君更官高興轉孤軍門郡閤曾閒否禹穴耶溪得到無酒盞省陪波卷白骰盤思共彩呼盧一泓鏡水誰能羨自有胷中萬頃湖（李紳江南暮春寄家詩）洛陽城見梅迎雪魚口橋逢雪送梅劍水寺前芳艸合鏡湖亭上野花開江鴻斷續翻雲去海燕差池拂水回想得心知寒食近潜聽喜鵲望歸來（秦系題鏡湖野老所居詩）湖裏尋君去樵風往返吹樹喧巢鳥出路細葑田移漚苧成魚網枯根是酒卮老年惟自適生事任羣兒（施肩吾遇越州賀仲宣詩）君在鏡湖西畔住四明山下莫經春門前幾箇采蓮女欲泊蓮州無主人（僧皎然題湖上艸堂詩）山居不買剡中山湖上千峯處處閒芳艸白雲留我住世人何事得相關（方干詩二首）去歲離家今歲歸孤帆夢向鳥前飛必知蘆筍侵沙井并被藤花占石磯雲

鳥採茶常失路雪龕中酒不關扉故交莫問逍遥事
元覡何曾勝葦衣〔又〕湖北湖西往復還朝昏出處自
田閑居天移榻就深竹月夜乘舟歸淺山遠砌紫鱗
款枕釣垂簷野果隔牕攀古賢暮齒方如此多笑愚
儒鬢未斑〔宋〕趙抃詩春色湖光照錦衣岸花汀艸自
芬菲若耶溪上遊人樂舉棹狂歌半醉歸〔秦〕觀詩畫
舫朱簾出繚墻天風吹到芰荷鄉水光入座杯盤瑩
花氣侵人笑語香翡翠側身窺綠酒蜻蜓偷眼避紅
粧蒲萄力緩單衣怯始信湖中五月涼〔王〕十朋詩蒼
蒼涼涼紅日生葱葱鬱鬱佳氣橫鏡湖春色三百里
桃花水漲扁舟輕花開春鳥傳春意聲落竹舟驚夢
寐依牀几坐心境清轉覺湖山有風味鑑中風物幾
經春身在鑑中思古人禹蹟茫茫千載後蹤繫功歸
馬太守太守湖成坐鬼責後代風流屬狂客狂客不
長家鑑湖惟有漁人至今得日暮東風送棹回花枝
照眼入蓬萊回首湖山何處是欸乃聲中畫圖裏〔陸〕
游詩千金不須買畫圖聽我長歌歌鑑湖湖山奇麗
說不盡且復與子陳吾廬柳姑廟前漁作市道士莊

畔菱爲租一灣畫橋出林薄兩岸紅蓼連菰蒲村南村北鴉陣黑舍東舍西楓葉赤每當九月十月時放翁艇子無時出船頭一束書船尾一壺酒新釣紫鱖魚旋洗白蓮藕從渠貴人食萬錢放翁癡腹長便便暮歸稚子迎我笑遥指一抹西村烟〔又同何元立賞荷花懷鑑湖舊遊〕少壯欺酒氣吐虹一笑未了千觴空凉臺下簾人似玉月色冷冷透湘竹三更畫船穿藕花花爲四壁船爲家不須更踏花底藕但嗅花香已無酒花深不見畫船行天風空吹白紵聲雙槳歸來弄湖水往往湖邊人已起郎今憔悴不堪論頗有何郎共此樽紅綠踈踈君勿嘆漢嘉去歲無荷看湖上今歲遊人頗盛戲作二首〕畫船鼓吹載凉州不到三更枉出遊忽有歌聲出雲漢誰家開宴小紅樓〔又〕臺府官醅歲歲新蘭亭春勝鏡湖春三山小甕雖堪笑也向湖邊作醉人〔張惟中詩〕昔年曾過賀家湖今日烟波大半無惟有一天秋夜月不隨田畝入官租〔華鎮詩〕水風不動清光合十里渾無一點瑕野客若尋湖上事不須臨水問荷花〔李孝光詩〕賀家湖裏見

秋風放翁宅前東復東兩行雲樹忽遠近十里荷花能自紅行人濯足銀河上越女梳頭青鏡中我欲乘帆上南斗扶桑碧海與天通（元韓性詩）鴉陣連空木葉疏西風裊柳半平蕪湖山照眼長奇麗不枉千金買畫圖（陳孚詩）鏡湖八百里水光如鏡明偶尋古寺坐便有清風生天闊雁一點山空猿數聲老僧作茗供笑下孤舟輕（明楊維楨詩）與客携壺放畫船春波橋下柳如烟林間好鳥啼長晝席上高歌樂少年醉裏摸書尋禹穴醒來訪隱過平川樵風逕上神仙窟知是陽明幾洞天（劉基詩）若耶溪上雨聲來秦望山前霧不開欲渡鏡湖尋禹穴蒼藤翠木斷猿哀（夏煥六言三首）南村北村桑客東坂西坂田肥雲林自通樵逕烟水不沒漁磯又昨來已著吟鞭今到還乘酒船花遶千秋館裏樹遶九里山前又閒身喜伴沙鷗日向湖中泛舟水出若耶溪口雲橫小隱山頭（傅俊詩）重湖望斷水東西百折蓮塘曲曲堤楊柳暗藏茆屋小菰蒲遥應畫橋低採蓮歌去聲還杳載酒船來路欲迷幾度落花流出煖錯教人認武陵溪（王詛詩

春波橋外水連天一曲桑麻一曲烟僧磬遠聞松寺裏漁家多住柳塘邊雲深夏后藏書穴花艷知章載酒船回首蘭亭今寂寞流觴空説永和年林雲霄詩湖水杳無際沿洄千嶂間秋風放舸去夜月送人還屢酌情彌愜臨流性自閒越城何處是只在五雲間沈鎬詩鑑湖三月春水生烟波渺渺揺空明浮雲欲盡暮天碧落日正見孤舟横道士莊臨湖水北池邊春艸年年綠古人不見今人悲千載空聞鑑湖曲

贔石湖撞石湖確山湖相湖並在城南乃鑑湖之別名今皆爲重科田

茭塘湖在府城西五十里多茭葑焉後產水芝更名芝塘湖

狭猺湖在府城北十里周廻約廣十餘里俗又呼爲

黃鰷湖是舟楫往來之道鑑湖既廢此湖宜以畜水
乃近稍爲有力者侵焉
白水湖在府城北十里旁通運河足資灌溉有菱芡
魚鰕之利
會稽回涌湖在府城東四里舊經云馬太守臻所築
以防若耶溪溪水暴至抵塘而灣回故曰回涌一作
回踵南史會稽東郭有回踵湖謝靈運求決以爲田
太祖令州郡履行此湖去郭近水物所出百姓惜之
太守孟顗執不與

浮湖在府城東二十里周圍二頃餘源出西山清淺可愛又名西湖舊有西湖寺

泉湖在府城東南七十里圍可十餘畝底有二竅寒泉湧出最清

蕭山西陵湖水經注西陵湖亦謂之西城湖湖西有湖城山東有夏架山湖水上承妖皐溪而下注浙江又逕永興縣

湘湖在縣西二里本民田低窪受浸宋神宗時居民吳姓者奏乞爲湖而政和二年楊龜山先生來知縣

事遂成之四面距山缺處築堤障水水利所及者九鄉以販漁爲生業者不可勝計生蓴絲最美宣和中有議復以爲田者民咸不可遂寢乾道中奸民謀獻之恩平郡王邑丞趙善濟力爭之時史彌遠帥浙東榜禁不許明永樂初豪族稍于近山處懇田宣德中魏尚書驥贊有司盡革之公卒復有侵者弘治十二年邑人何競奏聞遣法司覈正後湖民吳賛等復私墾種正德十五年巡視都御史許庭光榜禁之〔宋〕釋如蘭詩藕花風起晚涼多高據柴牀聽棹歌芳艸不歸支遁鶴白沙惟見右軍鵞人家隱隱連桑梓僧梵悠悠

出薜蘿今夜湖中好明月相思其奈故人何〔明〕劉基〔詩〕君山洞庭隔江水彭蠡無風高浪起明窓曉晴圖畫開輿入湘湖三百里浙江兩岸山縱橫湘湖碧遶越王城越王城荒陵谷在古樹落日長烟平遊子天寒孤棹遠七十二溪飛雪滿浩歌不見濯纓人沙鶴野猿相對晚湖東雲氣通蓬萊我欲從之歸去來蛟鼉塞川陸有虎兩臂無力令人哀〔魏驥〕詩百里周圍注渺茫龜山遺愛許誰忘水能蓄潦容千澗旱足分流達九鄉荇帶荷盤從取市蓴羨芡實任求嘗邑侯鄉老休輕視圩岸時須督有方〔鎦渙〕詩湘湖蓴葉大于錢千頃鷗波可放船一曲竹枝歌未了水禽飛散夕陽天〔戴琥〕詩湖上春風雨乍晴湖中風景最關情雲山掩映尚書墓石甃縈廻伯主城二十四塘春水足八下餘頃晚田成循環導引均施利石刻先賢有法程

落星湖在縣西二十里舊經云後漢漢安二年星隕

湖中宋熙寧初詔以落星湖地高許墾爲田止存低處瀦水乾道九年盡以落星湖賜歸正大節度使張氏張以水利及民者多辭不敢田淳熙十年朱察院朝陵過邑審視奏復之慶元六年臨安府龍華寺僧實法復乞以爲圍豪右孫華二姓利其有從而成之

孔湖在縣西三十里上有會稽董高士昭墓

諸暨上中下三湖在城中名縣湖又名學湖相傳以長山勢逼鑿此當之由城南紫山下環儒學直抵北城宋淳熙中知縣事何喬浚之置　一閘嘉靖中知縣

徐履祥復浚之于西築一堤

泌浦湖在縣東北五十里周圍八十餘里最大近年召佃之議興豪右乘之大半廢

餘姚秘圖湖在丞廨之前初本石竇微出泉好事者因而廣之纔丈許巖石陡處鐫曰神禹秘圖

汝仇湖在縣西北四十里南距山又距喻格堰孟家塘北距海堤周九百七十一頃最爲大今爲豪右所侵不能半矣

牟山湖一名新湖在縣西三十五里三面距山北爲

塘周五百頃近亦爲豪右所侵
余支湖在縣西北五十里周五百頃北距孟家塘與
汝仇湖界
穴湖在縣東十里夏侯曾先地志吳時望氣者鑿斷
山因以名湖水經穴湖之水沃其一鄉並爲良疇
燭溪湖在縣東北十八里三面界山東爲湖塘舊經
云昔人迷失道忽有二人執燭夾溪而行因得路故
名燭溪十道志昔人入山昏暗四塞迷惑悲泣山中
忽有雙燭照之其說略合湖內有明塘溪一名明塘

湖俗又呼爲淡水海周二十餘里有東西水門兩鄉民每爭決水明成化中詔從邑人胡禮言中築塘分湖爲兩由是爭始息湖邊人相傳有八景曰漾塘烟柳曰孤山雪梅曰顯沙聚鷺曰梅漁歸龍曰夾溪仙燭曰航渡漁舟曰白洋霽月曰翠屏晴嵐（明）倪懷敏遊燭湖詩序吾餘姚燭湖在邑治之東北萬山四環巨浸數百里予友孫君思頡諸昆弟隱居其旁與予有泛舟之約亦數年矣一日載酒爼邀余遊合童冠十有七人沿流歌詠歷航渡略賜池憩于楊氏精舍抵翠屏之寺而止解衣盤桓入坐慶師方丈嵐霏襲衣爽氣砭骨凡諸洪陂列障爭獻奇怪無少與長皆陶陶焉湛湛焉其樂蓋與蘭亭諸會同矣因取杜少陵丈八溝納涼詩分韻以賦屬予爲序詩不盡工今摘錄二首（孫樞得浪字）平湖萬頃碧波漲發興攜朋遊滉瀁吾宗兄弟亦好奇挈榼提壺能饋餉短屐徐行泥活活楊柳陰中乘晝舫群

公相看總黑頭得意銜杯極疎放長風萬里棹輕雲數朵芙蓉列晴嶂中流擊節奈爾何銀屋高低隨蕩漾招招舟子捷有神一篙直入荷花蕩白日亭午登招提遠近青山歷瞻望老禪卅邀供茗椀也復開筵悅情況楊家果出珊瑚珠竹裏行厨送春醸座中賔客盡能文豈愁下筆供詩帳分題賦就日將暝再詠再歌成放浪（孫述得涼字）殿角薰風生爽氣燭湖旭日漾晴光探奇梅塢雙山屐覽勝蓮塘一野航有客帶經來泮水携朋載酒泛滄浪東林淨社知何在北海深樽樂未央艤棹遠尋松下寺鳴琴更坐竹間床禪僧出定談清況詩侶分題賦短章酩酊不知歸渡晚藕花風透葛衣涼（孫尚書文恪公湖上詩）湖上携樽坐翠微山芳冉冉襲人衣春來水漲桃花發社後風和燕子飛一艇斜維垂柳岸群鷗閒傍釣魚磯故鄉好景不知玩何用天涯每憶歸

梅墅湖即燭溪湖航渡西南之一曲北與燭溪湖通

舊經云昔有梅樹吳時採爲蘊臺梁今湖側猶多梅木俗傳水底梅梁根也巨木湛卧湖心雖水涸不露秋七八月雷雨交作有聲如鼉吼震徹數里土人相傳謂梅龍顧母亦曰湖窪事雖近不經然水實自北倒流而南入航渡橋波濤洶湧中高起一帶如脊常衝墮橋石一二塊亦大異也八景所云梅澳又十道歸龍即此是也志吳造建業宮使匠人伐材至明塘溪尸梅下俄見長木堪爲梁伐材還都會梁已足更別無用梁一夜梅忽飛還土人異之號曰梅君今在湖中隨水浮沉

一云用爲會稽禹廟梁

上林湖在縣東北六十里周五十八頃有奇（明岑襲祖詩）九月晦日風景妍南湖棹歌晴滿川兒童作隊溪頭坐鷗鳥忘機沙際眠山堂舊書載一束市橋美酒沽十千勝遊如此良不惡後夜月明還放船

上虞夏蓋湖在縣西北四十里北枕大海海岸有夏蓋山湖直其南唐長慶二年永豐上虞寧遠新興孝義五鄉之民割己田爲之周一百五里溜白馬上妃二湖之源地勢東低而西高中有鏡潭有九墩曰楓樹墩匾墩周師墩長墩黃蘸墩白牛墩馬墩楝樹墩

西晒墩十二山曰梁家山柴家山刺山鯉魚山董家山洋山土長山石竹山荷葉山犁山馮家山甑箪山又有三十六溝引灌五鄉田十三萬畝兼有菱芡芙蕖茭葦及魚蝦之利俗謂日產黃金方寸云宋熙寧中縣尉張漸廢爲田元祐四年吏部郎中章楶奏復之政和中明越二守樓异王仲嶷專務應奉爲事又廢湖爲田建炎四年給事中山陰傅崧卿守鄉郡餘姚陳橐上書陳利便紹興二年縣令趙不搖言于朝吏部侍郎李光復力奏乃得復爲湖嘉熙元年或獻

於福王民張康等爭之得免元元貞間並湖之民擬於高處塡爲田漸蔓延至數十畝不止至正十二年縣尹林希元定墾田數餘悉爲湖十六年或乘間竊種尹李睿復之十七年建南臺于越兵田于湖湖竭郡焦畚御史察知郎令勿田十八年或獻于長鎗軍尹韓諫言于督軍郎中劉仁本已之古云能積三湖之水可防兩年之憂又古諺上妃白馬羣山繞夏蓋湖寬江海連三夜月明爭告旱一聲雷動便行船

白馬湖在夏蓋湖南創自東漢周四十五里三面皆壁大山三十六澗水悉會于湖中有三山曰癸巳山

羊山月山相傳縣令周鵬舉出守鴈門志務幽閒思上虞景物之勝乘白駒泛鐵舟全家溺于此時人以爲地仙白馬之名由此山頂有祠又名漁浦湖水經注縣之東郭外有漁浦湖中有大獨小獨二山又有覆舟山覆舟山下有漁浦王廟今移入裏山北三山孤立水中湖外有青山黄山澤蘭山重岫疊嶺參差入雲澤蘭山頭有深潭山影臨水水色青綠山中有諸塢有石楗數所右臨白馬潭潭之深無底傳云創湖之始邉塘屢崩百姓以白馬祭之因以名水湖之

南即江津也江南有上塘陽中三里隔在湖南常有

水患太守孔靈符遏蜂山前湖以爲埭埭下開瀆直

指南津又作水楗二所以舍此江得無淹潰之患夏

侯曾先志驛亭埭南有漁浦湖深可二丈唐貞元中

置湖門三所別于北門置放水塘四百步元以來豪

民稍侵爲田［明］王晃［詩］十八里河船不行江頭日日問潮生未同待詔沉金馬却與看花在錦城萬里春風歸思好四更寒雨客燈明故人湖海襟懷古能話舊時鷗鷺盟

上妃湖在夏蓋湖南白馬湖西與白馬同創于東漢

周三十五里中有三山曰弓家山印祿山佛跡山水

經謂之上陂今名上妃者相傳之訛也唐地理志上虞西北有任嶼湖又會稽志有謝陂湖皮湖皆上妃別名重出者蓋誤元末時亦稍爲豪民所侵明萬曆十年丈出爲田者五百五畝剗之不克知縣朱維藩方復西溪湖乃相與易之

江湖在縣西南五十里嘉泰志昔有尼寺一夕陷于湖有寺鐘墮水底相傳人或見之頃歲旱涸湖水竭忽見鐘鼻鄉人共挽出之俄頃風雨暴至鐘復沒

太康湖在縣西南四十里明孫氏曰太康湖雖化

爲田山下澄泓可數頃（宋謝靈運于南山往北山經湖中瞻眺詩）朝旦發陽崖景
落憩陰峯舍舟眺迴渚停策倚茂松側徑既窈窕環
洲亦玲瓏俛視喬木杪仰聆大壑淙石橫水分流林
密蹊絕蹤解作竟何感升長皆丰容初篁苞綠籜新
蒲含紫茸海鷗戲春岸天雞弄和風撫化心無厭覽
物眷彌重不惜去人遠但恨莫與同孤遊非情歎賞
廢理誰通（謝靈運詩）日落泛澄瀛星羅遊輕橈憩榭
面曲汜臨流對回潮輟策共駢筵並坐相招邀哀鴻
鳴沙渚悲猿響山椒亭亭映江月颼颼出谷飈斐斐
氣羃岫泫泫露盈條近矚祛幽蘊遠
視蕩喧囂晤言不知罷從夕至清朝
西溪湖在縣西南門外三十六湖之水鍾焉昔縣令
戴延興築塘七里又名七里湖所灌田甚多宋慶曆
中歸縣學爲養士之費紹興初詔割三分之一爲功

臣李顯忠牧馬地李挾勢侵據僅以緡錢七百歸學
治平中朱文公遊始寧見西溪湖山水之勝講學湖
上後提舉浙東因浚治虞人德之迨元時盡廢爲田
至正十二年縣尹林希元復之後復湮没明嘉靖十
六年知縣陳大賓圖規復以内召不果後總憲浙江
復移文董成又以權官去萬曆十二年民苦旱甚知
縣朱維藩請于上官復之〔元縣令林希元西溪湖賦縣居東北湖坐西南縣乃虞舜之故鄉湖是越王之遺跡上枕于山連九溪聚此萬源之水下通兩涇注二閘灌彼三鄉之田歸利于漁耕獲便于商賈九條橋遇夏風清芰荷馥郁七里塘逢春日麗梨杏芬芳一秋來蘋蓼滿洲紅間白

三冬棗竹松夾路翠兼青侵晨雲罩嶺梅向暮烟迷
堤柳泥連天鵁鶄出沒波漾月鷗鷺浮沉高高下下
鶯鸝金梭閑閑洋洋魚拋玉尺東有秦樓楚館得清
風明月可聞鳳笛鸞笙北通驛路運河過玉勒牙檣
堪聽鼓聲角韻菱舟滿載月明歸去櫓咿啞牧笛遠
聞曉霽出來聲嬝娜入面山疊青疊翠十里景争白
爭紅李公曾爲牧馬之埸彭玉亦作蓄魚之
蕩所聞勝景此其大都文俚而蕪不盡載

嵊艇湖在縣東五里王猷返棹之地

皇清康熙丙辰六月郡守俞公源濬渡曹娥江感慨
悲歌字字血淚時公初丁外艱士民以公清廉忠愛
堅請留任公來去未得故哀慕益切後竟力辭解任
人皆思之傳誦其詩有讀未終篇而輒泣數行下者

郡守何公源濬渡曹娥江詩遇人生百年皆有死死時面訣憾可已生平未展之孝思還可盡心於附身附棺之數事胡爲升斗糈竭我終天淚我今揮淚渡娥江羞見曹娥尋父洋娥父既死死復相見波底反覆情固傷若得死後猶懷挈何嗟何怨何裂腸七日能消千古恨七日能維百世綱愧殺堂堂郡太守父逝兩月未奔喪藉謂父老攀轅止孰個父老無怙恃藉謂上官勉縶留親歿原立三年制藉謂疆埸多故應奪情召杜龔黃不乏之十吁嗟噫嘻我父之恩深如江流重如山崎雖離膝下常浪遊郎在長安亦迹侍行判建州歷險阻往來不廢萊衣戲迨膺越東二千石反疎溫凊與問視可恨烽烟行路難淼淼帶水遙相隔無夢不渺淮水流有淚惟看白雲泣病時參苓不口阻扁時寒熱不手抵一旦易簀一三昼百年大事不親識伯兄盡禮復盡心與膂川園不遺力何故生我不孝兒經年遊宦無一貲奉教首戒絕苞苴臨民務須臻上治而今政績殊平平撫字非詘催科累風雨時若屢豐年惟有潢池横無忌勞民力傷民財驅之

鋒鏑實可哀朞年未洽霖雨志慚愧蒼生賦有臺吁嗟行役方五載五倫損三心已灰閩南妻子生相別淮北老親死未訣丈夫報國當如此血淚灑成鬢髮雪咸謂移孝可作忠忠孝之理同一轍殊不知五常五教有攸分理雖一貫情各切假如全一可概餘彝倫何必五並列與其行權曷守經戀戀功名甘薄劣倘以不孝詒子孫不幾名教滋口舌歸去無由覲父顏歸去尚可縮緩經歸去不得親含殮歸去猶得營窆穴歸去兮我伯兄憂歸去慰我母心竭吁嗟乎哽噎停櫬一聲哭哀向江心徹娥今應我憐雲霧茫茫濤亦咽

紹興府志卷之八

山川志附圖

剡溪圖

柯橋圖

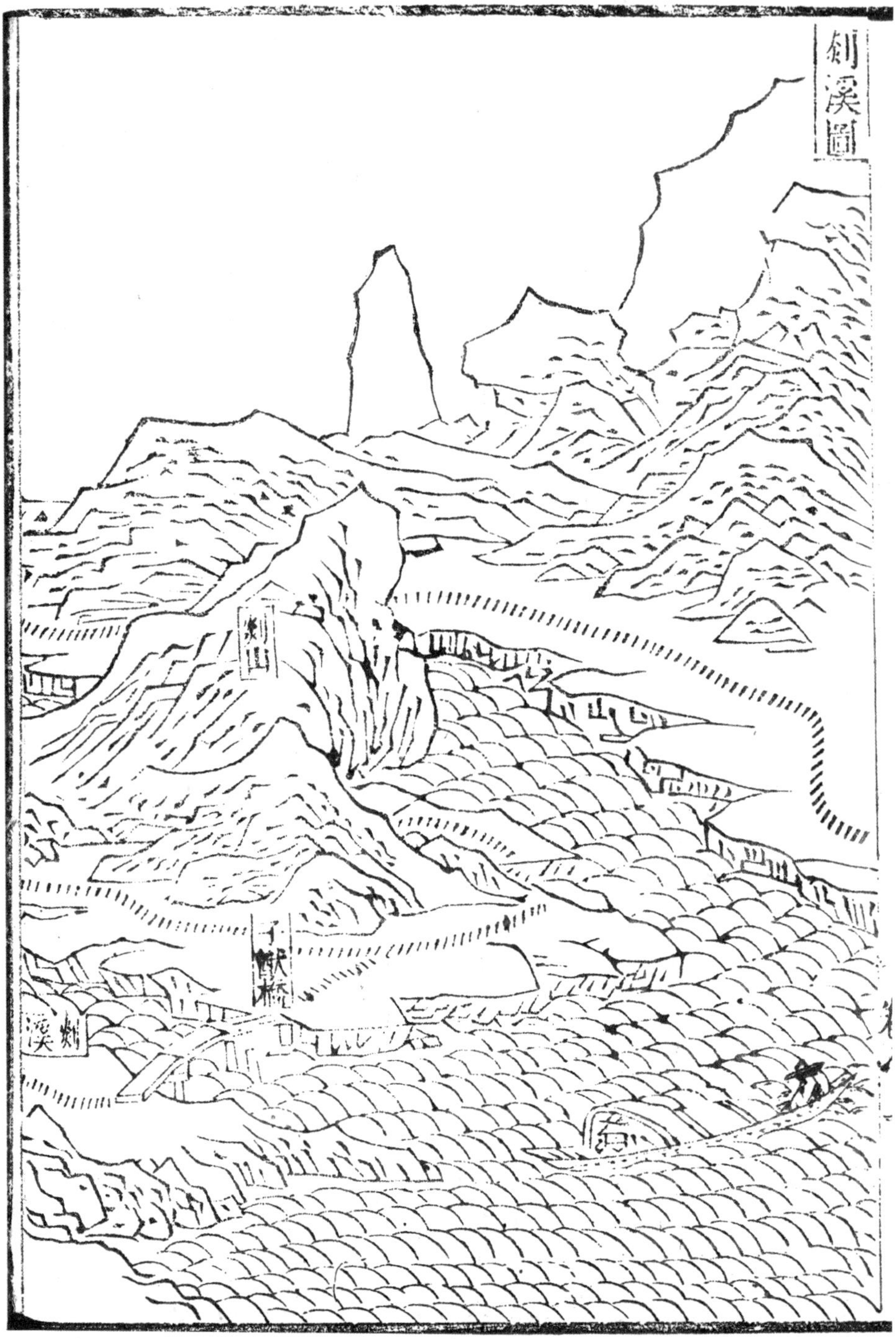
剡溪圖
剡山
剡溪

嵊山
戴公宅

柯橋圖

柯橋寺
柯亭新市

紹興府志卷之八

山川志五

溪　澗　浦　涇　滙　川　瀆　渚　港

水　洲　汀　灘　瀉　潭　池　泉　井

渡　津　橋　步　塘

溪

山陰餘支溪在府城西四十七里源有二一溫一涼相滙而不雜水經注山陰縣西南四十里有二溪東溪廣一丈九尺冬煖夏冷西溪廣三丈五尺冬冷夏煖二溪北出行三里至徐村合成一溪廣五丈餘

而溫凉不雜蓋山經所謂若水也嘉泰志云亦鏡湖之別派

巧溪在府城西南七十五里崇山之下有微泉不見其有混混之勢而入崖間則盛大亦大奇

相溪一名西溪在府城西八十里發自藏山嶺折流北至鎖秀橋下分爲二派

會稽若耶溪在府城東南三十五里北流入鏡湖古歐冶子鑄劍之所越絕書若耶之溪涸而出銅戰國策涸若耶以取銅吳越春秋若耶之溪深而莫測歐

冶鋼以成五劍水經注溪水上承譙峴麻溪下注大湖後漢時太守劉寵去郡若耶父老人持百錢出送寵各受一文因名劉寵溪唐徐季海嘗遊數日會十

不居勝母之閭吾豈遊若耶之溪改爲五雲溪梁王籍入若耶溪詩艅艎何泛泛空水共悠悠陰霞生遠岫陽景逐回流蟬噪林逾靜鳥鳴山更幽此地動歸念長年悲倦遊梁書云籍除輕車湘東王諮議參軍隨府會稽郡境有雲門天柱山籍嘗遊之或累月不返至若耶溪賦詩云蟬噪林逾靜鳥鳴山更幽當時以爲文外獨絕顏氏家訓曰王籍入若耶溪詩江南以爲文外獨絕物無異議簡文吟咏不能忘之孝元諷味以爲不可復得詩云蕭蕭馬鳴悠悠旆旌毛傳曰言不喧譁也吾每歎此解有情致籍詩生於此意耳釋洪偃詩蕭蕭物色晚肅肅天氣清旅人聊策杖登高

傷客情川原多舊跡墟里或新名宿烟浮始旦朝日照初晴遠行之徒侶徐步寡逢迎信矣非吾抵賞心何易并〔唐獨孤及同徐侍郎五雲溪新亭重陽宴作〕萬峯蒼翠色雙溪清淺流已符東山趣況値南江秋白露天地肅黄花門館幽山公惜美景肯爲芳樽留五馬照池塘繁絃催獻酬風前孟嘉帽乘興李膺舟騁望傲千古當歌遺四愁豈令永和人獨擅山陰遊〔孟浩然耶溪泛舟詩〕落景餘清暉輕橈弄清渚澄明愛水物臨泛何容與白首垂釣翁新粧浣沙女相看未相識脉脉不得語〔又六言二首〕舟泊有時垂釣舟行不廢閒吟沿山寺寺花木枕水家家竹林〔又〕鷺鶿晝飛溪靜鵁鶄夜囀林深忽聞風動月落起看波閒月沉〔李白採蓮曲〕若耶溪旁採蓮女笑隔荷花共人語日照新粧水底明風飄香袖空中舉岸上誰家遊冶郎三三五五映垂楊紫騮嘶入落花去見此踟躕空斷腸越女詞。耶溪採蓮女見客棹歌迴笑入荷花去佯羞不出來〔綦毋潛春泛若耶詩〕幽意無斷絶此去隨所偶晚風吹行舟花落入溪口際夜轉西壑隔山望南斗潭烟飛溶溶林月低向後生事且瀰漫顧爲持竿叟又若耶溪逢孔九桁逢此溪曲記勝在烟霞潭影竹裏動巖陰天際斜人言上皇代犬吠武陵家借問淹留意春風滿若耶儲光羲酬綦毋校書夢遊耶溪見贈之作校文在仙掖每有滄洲心况以此窓下夢遊清溪陰春看湖水漫夜入回塘深往往纜垂葛川舟望前林山人松下飲釣客蘆中吟小隱何足貴長年固可尋還車首東道惠言若南金以我採薇意傳之天姥岑崔顥入若耶溪詩輕舟去何疾已到雲林境起坐魚鳥間動搖山水影巖中響自答溪裏言彌靜事事令人幽停橈向餘景並爲泛若耶溪詩結廬若耶裏左右若耶水無日不釣魚有時向城市溪中水流急渡口水流寬每得樵風便往來殊不難一川草長綠回時那得辦短褐衣妻兒餘糧及鷄犬日暮鳥雀稀稚子呼牛歸住處無鄰里柴門獨掩扉劉長卿若耶溪酬梁耿別後見寄六言晴川落日初低惆悵孤舟解攜鳥去平蕪遠近日隨流水東西白雲千里萬里明月前溪後溪獨悵長沙謫去江潭

春草萋萋（又上巳日與鮑侍御泛若耶遊雲門詩）蘭橈漫轉傍汀沙應接雲峯到若耶舊浦滿來移渡口垂楊深處有人家永和春色千年在曲水鄉心萬里賒更見漁舟將借問前村幾路在烟霞（項斯詩）清溪繚繞出無窮兩岸桃花正好風却是扁舟堪入處鶯鶯飛起急流中（許渾詩）此溪何處路遙問白髯翁佛廟千巖裏人家一島中魚傾荷葉露蟬噪柳枝風急瀨鳴車軸微波漾釣筒石苔縈棹綠山果拂舟紅更就前溪宿村橋與剡通（方干詩）傭拙幸便荒僻地縱聽猿鳥亦何愁偶斟藥酒飲梅雨却着寒衣過麥秋歲計有時添橡栗生涯一半在漁舟世人若使無知已應向此溪成白頭（僧皎然詩）春生若耶水雨後漫流遍芳草行無盡清源去不窮野烟迷極浦斜日起微風幾處乘流望依稀似剡中（宋范仲淹詩）越水乘春泛船窓掩又開好山沿岸去驟雨落花來林影樵人渡歌聲浣女回滄浪無限意日暮更悠哉（王安石詩）若耶溪上踏莓苔興盡張帆載酒回汀草岸花渾不見青山無數逐人來（蘇軾詩）若耶溪上雲門寺賀

監荷花空自開我恨今猶在泥萍勸君莫棹酒船回

（謝景温詩）若耶溪出若耶山浪裏溶溶入醉閑仙客曾因一箭贈樵風長到五雲關數峯蘸碧輕清外雙舸浮春上下間料得當年乘興子爲貪烟水宿前灣

（陸游絕句四首）微官元不直鱸魚何況人間畏途今日溪頭對心處自尋白石養菖蒲（又）九月露風吹客衣溪頭紅葉傍人飛村場酒薄何妨醉菰正堪烹蟹正肥（又）蘸水朱扉不上關採蓮小舫夜深還一尊何處無風月自是人生苦欠閑（又）雲散青天掛玉鉤石城艇子近新秋風鬟霧鬢歸來晚忘却荷花記得愁

（元薩天錫詩）越溪春水清見底石罅銀魚搖短尾船頭紫翠動清波俯看雲山溪水裏誰家越女木蘭橈髻雲噴耳溪風高採蓮日暮露華重手滴溪水成蒲陶盈盈隔水共誰語家在越溪溪上住蛾眉新月破黃昏雙櫓如飛剪波去

（韓性詩）一川暝色鎖烟蘿蕭洒禪關偶獨過薝蔔香中詩夢遠芭蕉葉上雨聲多九重關下心猶戀二十年前事總訛畫舫蘭橈待明發若耶溪水夜增波

嘉泰志三鄉題云：予家本若

耶溪東與閨中同志若紉蘭佩蕙趨幽閑人境不得已從人不幸良人已失邈然無依命筆聊書絕句名姓二九子爲父後玉無瑕弁無首荊山石往往有以筆墨非女子之事名姓故隱而不書詩曰昔逐良人西入關良人身沒妾東還謝娘衛女不相待爲雨爲雲歸舊山李舒解曰二九十八也十加八木字子爲父後木下子李字玉無瑕去其點也弁無首存其廾也王下廾弄字也荊山石往往有者荊石多韞玉當是姓李名弄玉也

南溪在鑑湖南亦若耶支流也唐宋之問泛鏡湖南溪詩乘興入幽棲舟行日向低巖花候冬發谷鳥作春啼沓嶂開天小叢篁夾路迷猶聞可憐處更在若耶溪劉長卿尋南溪常山道人隱居詩一路經行處莓苔見履痕白雲依靜渚春草閉閒門過雨看松色隨山到水源溪花與禪意相對亦忘言戴叔倫詩年來爲客寄禪扉多病幽居在翠微黃鳥數聲催柳變清溪一路踏花歸空

林野寺經過少落门深山伴侶稀負
米到家春未盡風蘿閒掃釣魚磯
寒溪在府城東南三十里源出日鑄嶺水極清冷
上竈溪在府城東南二十里嘉靖初知府南大吉濬
之沿溪之田遂稜更有中竈下竈相隔不數里世傳
歐冶子鑄劔更此三竈而後成也
諸暨石瀆溪在縣西南六十二里上下源各有二井
相聯合流
于溪在縣東北六十里吳于吉所居俗以其水常涸
呼乾溪非也

上虞玉帶溪在縣城中納南山諸澗之水環繞若帶北滙楊橋下入運河

洗欒溪在西莊山葛僊翁嘗滌欒於此水底石如碎丹砂流去復生他水皆受穢惟此溪澄徹纖塵不棲亦一異也

飲牛溪在縣南五十里白道猷巖下石上隱然有牛足跡（宋江公亮詩好似道人巖畔月夜深清照飲牛溪）

嵊剡溪在縣南一百五十步剡以溪有名淸川北注逶與曹娥江接舊經云潭壑鏡徹清流瀉注惟剡溪

有之宋樓鑰云剡溪上山水俱秀邑之四鄉山圍平野溪行其中其來之源有四一自天台山北流會於新昌入于溪一自東陽之玉山東流會於縣城南門入于溪一自奉化由沙溪西南轉北至杜潭出浦口入于溪一自寧海歷三坑西繞爲三十六渡與杜潭合入于溪兼四大流而又境内如顧愷之所謂萬壑爭流之水四面咸湊或奔或滙淺而爲灘瀨深而爲淵潭驟急而爲湍瀾曲折迂廻凡五十里餘越嶀嵊二山之峽巨石突踞水上若將禦之過嶀浦而後達

于江巖巒出奇聳下爲潛鱗之窟江潮自此返其過峽處東嵊山西淸風嶺相向壁立甚近而峙山自西來若護若遮舟行距二三里外望之恍然不知水從何出也傳云此爲一山禹鑿而兩之以決水邑舊志所謂絶壁東流是也剡之水得雨而易於漲滂者以此然水口氣聚所以壯縣也自晉王猷訪戴而溪名乃顯故一時名流爲山水勝遊者必入剡有愛而移家者有未及遊而憶之者或稱剡江剡川剡汀或稱嵊水或稱戴灣戴家溪戴逵灘云唐賀知章乞爲道士

詔賜鑑湖剡川一曲縣舊志云剡溪之景春漲桃花溶溶漾漾多白魚錦鯉之遊躍岸芷汀蘭之馥郁鵁鶄鸂鶒眠沙戲水不驚不猜猶羅人武陵桃源也暑雨數日千巖飛瀑驟漲瀰漫不流若驟觸堤走石奚啻乎瞿塘灩澦也霜露水潦覓無纖滓白沙鋪玉澄波拖練舟帆掩映山光混漾天水一色不減乎斷磯赤壁也嚴冬、雪霽峯巒玉潔萬象寥寥閒禽鳥無聲漁歌絕唱梅影横斜倒浸寒碧恍若羅浮境界也〔唐〕李白將遊地剡中贈崔宣城詩忽思剡溪去水石遠清妙雪晝天地明風開湖山貌悶爲洛生詠醉發吳越調赤霞動金光日足森海嶠獨散萬古意閑垂一溪釣猿近天上啼人移月邊棹無以墨綬苦來求丹砂妙華髮長折腰將貽陶公誚秋山寄衛尉張卿及王徵君〔詩〕何以折相贈白花青桂枝月華若夜雪見此令人思雖然剡溪興不異山陰時明發懷二子空吟招隱詩〔又〕興從剡溪起思繞梁山發〔又〕多酤新豐醁滿載剡溪船〔杜甫壯遊詩〕剡溪蘊秀異欲罷不能忘〔崔顥舟行入剡詩〕鳴棹下東陽回舟入剡鄉青山行不盡綠水去何長地氣秋仍濕江風晚漸涼山梅猶作雨溪橘未知霜謝客文逾盛林公未可忘多慙越中好流恨越時芳（宋傲剡溪行）潺湲巢溪上白此成離別回首望歸人移舟逢暮雪頻行識草樹漸老傷年鬢惟有白雲心爲向東山月（又六言）月在浥州山上人歸剡縣江邊漠漠黃花覆水時時白鷺鷥船（丁仙芝剡溪館聞笛詩）夜久聞羌笛寥寥應客堂山空響不散溪靜曲宜長草木生邊氣城池逗夕涼虛然異風出髣髴宿平陽（賈島憶貝處士詩）半夜長安雨燈前越客吟孤舟行一月萬水與千岑島嶼夏雲起汀洲芳草深何當折松葉拂石剡溪陰（戴叔倫詩）風軟扁舟穩行依綠水堤孤樽秋露滑短棹晚烟迷夜靜月初上江空天更低飄飄信流去誤過子猷溪（僧皎然詩）雲泉誰不賞獨見爾清高投宿輕龍窟臨流笑鷺濤折荷爲片席灑水靜方袍剡路逢禪侶多應問戢曹（張籍詩）春雲剡溪口殘月鏡湖西（陸龜蒙詩）客鴻吳島盡殘雪剡汀消（方[illegible][illegible]人剡中作）戴灣衝瀨片帆通款枕微吟到剡中掠草[illegible]

花憐燕子停橈獨臥學漁翁波濤漫撼長潭月楊柳
斜牽一岸風便擬乘槎應去得仙源只恐棲星東（宋
潘閬自諸暨抵剡詩）莫歎塵泥汨且圖山水遊奇峯
天姥翠一舸剡溪秋不見戴安道有懷王子猷西風
無限意盡屬釣魚舟（又二首）號泛剡溪水晚眺剡溪
山徘徊佳行棹待月思再還漁唱深潭上鳥棲高樹
間應嵩金石友念我無暫閒（又）怡猶雙槳去莫不辨
東西夕照偏依樹秋光半落溪風高一雁小雲薄四
天低莽蕩孤舟卸水村楊柳堤錢昭度剡溪雨霽詩
剡溪風雨霽航帶重行行到處楊花色幾家荷葉聲、
噪蟬金鼎沸游水玉壺清最喜魚梁伴歸帆的的輕
盧天驥詩）愁呵龜手冷搖鞭乘興來登訪戴船解事
篙師小鳴艣恐驚寒雁入晴天（又）故園生事只銜茅
不管方兄久絕夕糴食枯椽吾易足鷦鷯只占一枝
巢（又）山鳥逢春恰恰啼桃花流水路猶迷何時鼠子
膏齋釜笑領白雲歸剡溪（李易剡溪幽居詩）勝絕剡
溪邊巢枝度半年燕回銜落絮魚漏接飛泉丹鼎山
頭氣茶爐竹外烟幽居已成趣佳致若爲傳（王十朋

剡溪春色賦地屬甌越邑爲剡剡溪氣聚山川之秀景開圖畫之齊雖禹穴之小邦樓臺接境實仙源之勝地桃李成蹊切原清環戴水之流翠列姥岑之岫登樓而望也南接台溫之左按圖而察也北據越杭之右藹極目之雲霄簇連甍之錦繡一十八里春風城郭觸處爭新二十七鄉暮雨溪山望中發秀時其爲千室之壯觀非七縣之同班臺榭入萬家之風月簾籠捲百里之江山雕鞍驟兮落花亂香陌晴兮芳草閒畫槳遶溪搖蕩綠波之上流鶯剡鳩緡蠻紅樹之間豈不以柳暗東門梅肥西嶺矣地秀玉山之嶂洞天麗金庭之景酒旗搖翠幙之風池水浸紅樓之影滌塵僧舍瀑飛二鹿之泉泛雪茗甌香汲五龍之井大抵繁華之地莫美於西蜀尊貴之地莫盛於京師何此一邑名皆四馳蓋念地雖僻而物甚美勢皆壯而人不畀非獨一時之秀實爲千古之奇琴跡不存尚垂芳於安道墨池猶在更留譽於羲之自是雨中橫東渡之舟月下引南樓之笛淒然而蕭渚莫益富矣而洛陽可敵青山東望皆經安石之遊綠水南流

尚有阮仙之蹟雨過烟墟叢叢綠蕪渭水依稀之景
輞川彷彿之圖或氣融於廣莫或嵐霽於虛無翠滴
嶸峯多步花朝之屐碧分越水曾回雪夜之桴嗚呼
新昌隘而風物疏上虞歸而林麓險謂姚江暨陽之
足亢雖會稽山陰而具慊信乎此地誠有可觀者焉
然則蕭山之瀟灑莫過于古剡〔林槩詩〕溪連嵊水興
何盡路接仙源人自迷〔齊唐詩〕春樹深藏嶁浦曲夜
猿孤嘯戴逵灘〔明趙寛詩三首〕行役曾何補江山似
有緣雨餘天姥屐月下剡溪船遊興塵勞外歸期日
至前乘流更風便飛鳥欲爭先〔又〕片月流清淺千巖
鎖翠微子猷如對此乘興定忘歸〔又〕山色朝來得雨
新船頭爭獻玉嶙峋人間圖畫應無數誰信舟青自
有眞〔鄭善夫詩〕曹娥江接剡溪流亂石幽花只漫愁
剡曲尚疑安道宅山陰誰上子猷舟〔何景明剡溪歌〕
溪之水兮幽幽誰與子兮同舟舟行暮入山陰道月
濛濛兮雪皜皜千載重尋戴逵宅溪堂無人夜歸早
乘興而來興盡休
君不見王子猷

晉溪在縣東五十里晉王右軍所經歷處

了溪在縣北十五里舊經云禹鑿了溪入方宅土

長橋溪在縣北八十里自會稽攺隷延袤十里許達于江昔年爲林樾土石所淤居民鄭鐔捐貲疏之自是舟楫可通而沿溪之田因爲砩積引流入漑歲旱不害苗其田價倍於昔矣

新昌東溪在縣東一里其源東南來自天台石橋瀑布水北逕石筍出青檀別一源出南州北經小將與青檀合流入羽林又一源南出黄杜北逕天姥山出

羽林合流入縣至虎隊嶺析小派入菱湖南流爲硎
其正派從北流過縣後西北流爲三溪出嵊縣爲剡
溪
王宅溪在縣北三十里源出奉化由沙溪西南入嵊
轉北至杜潭別一源出寧海由三坑西逕唐家洲紆
繞三十六渡北流滙杜潭出嵊縣浦口
澗嵊滌巾澗在縣西北五十里有白道猷滌巾舊迹
新昌放馬澗在縣東三十二里支道林放馬之所或
譏道林養馬不韻答曰貧道賞其神駿（宋華鎮詩春草茸茸澗水

淸路人猶記昔時名金羈縱
後雙嗁逸想見風前蹀躞聲

浦

山陰射浦在府城南五里越王句踐使陳音教射處音死葬浦西五里一名射瀆

查浦在城西一百里越王句踐陳兵處又一在新昌

會稽鑄浦在府城東南三十里與若耶溪接一名錫浦上有横梁人家聚落有歐冶祠齊唐家山記事云昔歐冶子鑄神劍之所今爲里俗所祠

炭浦在府城東六十里一名炭瀆越絶書句踐稱炭聚載從炭瀆出吳越春秋吳封越百里東至炭瀆

蟶浦在府城東北四十里俗蓋云多蟶焉先時與海通後築塘隔海淤積成田東自稱山西至宋家漊接山陰界凡二十六里

蕭山漁浦在縣西三十里十道志云舜漁處也（宋）謝靈運詩宵濟漁浦潭（梁）丘希範旦發漁浦詩漁浦霧未開赤亭風已颺櫂歌發中流鳴榔響踏障村童忽相聚野老時一望詭怪石異象嶄絕峯殊狀森森荒樹齊析析寒沙漲藤垂島易陟崖傾嶼難傍信是永幽棲豈徒暫淸曠坐嘯昔人委臥治今可尚（唐）常建詩春至百草綠陂澤葺鶺鴒別家投漁翁今世滄浪情樞苧爲繿袍折麻爲長纓榮譽失本眞怪人浮此生碧水月自闊安流靜而平扁舟與天際獨往誰能名（陶）翰乘潮至漁浦詩艤棹早乘潮潮來如風雨樟臺忽已隱界峯莫及覩崩騰心爲失浩蕩目無主豗㶁浪

始開漾漾入漁浦雲景共澄霽江山相吞吐偉哉造
化靈此事從終古流沫誠足誠高歌調易苦頗因忠
信全客心猶栩栩（宋潘閬經漁浦渡詩）漁浦風水急
龍門烟火微時聞沙上雁一一皆南飛（陸游詩）桐廬
處處是新詩漁浦江山天下稀安得移家常住此隨
潮入縣伴潮歸（又）漁翁持魚入船賣烱烱綠瞳雙臉
丹我欲從之逝已遠
菱歌一曲暮江寒

諸暨槩浦在縣北十九里吳王闔閭弟夫槩所封

山遐浦在縣東八十里舊經山遐斷高公湖爲浦取
魚所集千艘後人思之號山遐浦按晉書遐嘗爲餘
姚長有聲遺跡乃在此殆不可曉

餘姚呵浦今莫知在何所按南史宋高祖征孫恩虞

丘進戍句章城被圍數十日大戰身被數創至餘姚
呵浦乃得破賊張驃焉
上虞䖏浦水經注縣下有小江源出䖏山謂之䖏浦
逕縣下西流注于浦陽江山下注此浦浦西通山陰
浦而達於江江廣一里狹處二百步高山帶江重蔭
被水江關漁商川交樵隱故桂棹蘭栧望景爭途
杜浦顧墅浦俱在縣西南四十里齊杜景產顧歡授
學之地
嵊嶀浦在嶀山下水經注成功嶠以北有嶀浦浦口

有廟甚靈

新昌查浦在縣北水經注浦陽江邊有查浦浦東流二百餘里與句章接界浦周六里有五百家並夾浦居列門向水甚有良田有青溪餘洪溪大發溪小發溪六溪列溉散入江夾溪上下崩崖若傾山下衆流前導湍石激波浮嶮四注嘉泰志云昔嘗過之今尚如水經所言可避世如桃源也舊志所述如此不言去縣里數然云嘗過之則非誤矣今縣新志不載縣內水亦別無以浦名者豈遺之耶山陰志有查浦則與蕭山接壤去此殊遠

涇齊唐云越人謂水道爲涇

會稽逍遥涇在府城東六里相傳潘逍遥所居

樵風涇在府城東南二十五里舊經漢鄭弘少時採薪得一遺箭頃之有人覓箭問弘何所欲弘識其神人也答曰常患若耶溪載薪爲難願朝南風暮北風後果然世號樵風水經注鄭弘少以苦節自居恒躬采伐用貿糧膳每出入溪津常感神風送之憑舟自運無杖檝之勞村人貪藉風勢常依隨往還有淹留者徒輩相謂汝不欲及鄭風耶其感致如此（唐宋之問詩歸

舟何處遠曰暮使樵風

滙

山陰紀家滙在府城西南一百里是錢清江上流

餘姚鹹池滙在縣東南十里即餘姚江也至此紆迴數曲折而西南復折而東北每一曲約十餘里數曲間陸行不過十里而舟行則四十餘里東流入慈谿界旱甚鹹潮來大約亦滙此止耳罕復西也

川

會稽沉釀川在若耶溪東十道志鄭弘舉送赴洛親友餞於此以錢投水依價量水飲之各醉而去一名沉釀埭

上虞釣川在縣西南七里陶隱居乘槎垂釣於此華
鎮云仙馭不返沉槎無迹謂此
瀆山陰官瀆在府城西北十里越絶書越王句踐設
工官於此
查瀆吳志王朗攻會稽分軍夜投查瀆道襲高遷屯
會稽炭瀆水經注句踐鍊冶採炭於南山故其間有
炭瀆吳王封句踐於越百里之地東至炭瀆是也
石瀆在府城東四十八里田坂中有石突起焉
蕭山祖瀆在縣西水經注浙江又東逕祖塘謂之祖

瀆昔太守王朗拒孫策策數戰不利孫靜果説策曰朗負阻守難可卒拔祖瀆去此數十里是要道也若從此出攻其無備破之必矣策從之破朗於固陵今遺跡不可考

渚　山陰離渚在府城西三十里發源自唐里六峰諸山縈廻盤旋合于離渚溪唐康使君所居

新昌梅渚在縣西三十里地多梅旁聚落名梅渚村

港　會稽浪港在樵風涇北天無風亦時有浪北循山逕有一石甚巨嘉泰志云頃歲里人因開逕得石鑪

鐵鈴疑爲仙人煉丹之所

嵊故港在縣東北三十里有謝康樂遺跡港在遊謝鄉自港以東爲康樂鄉港東即四明山東嵊山港旁有高冢曰小相公墓

〔水〕山陰茗水即冷煖溪

會稽照水在府城東南三里舊經云源出五雲鄉經縣界九十里西南入山陰

平水在府城東南三十五里鏡湖所受三十六源之水平水其一也水南有村市橋渡皆以平水名元韓性詩

小溪分綠遶平田
隱隱遥林淡淡烟

餘姚白水在西四明是瀑布泉

擴水在縣東南二十里亦是四明之東支其山名牛埸山甚高峻山巔溪四抱會爲巨淵而北爲查湖山其顛有龍潭焉淵北流皆入于潭潭南有池一泓中有小石山如珠曰噴珠池池下懸崖千仞水飛下四時不絕宛若虬龍空中翔又下則如散珠如垂簾激於巖石嘈吰有聲似吼似吟無晝夜盈滿人耳是云擴水蓋姚邑東南奇觀也山險僻人罕至宋元嘉中

李信自兗避地來家于會稽嘗搆亭其間今遺跡尚存凡李氏之裔多葬于是李信賢珠池亭詩并序山從絕頂分澗數十支會中隈滙而爲池池中孤石獨出水面水澄且碧四包孤石壁隙下流當隙之川逶迤而立則懸崖千百丈獻奇足下俯瞰山趾前膝不能尺寸而高下相懸如從天漢日見平地兗客南遷登覽樂之搆一草亭于石之上讀書求志對景慨然幽思不已爰賦此章〔詩〕山巔瀑沛懸龍壑冲入山根無極深若箇手持千斛杓挽升雲漢作甘霖老夫結茅消白晝坐待後人慰我心

嵊二折水在縣西三十里涌沙迴旋繞居民屋舍舊有樓屢興屢廢蓋水勢悍急所搏射也

〔洲〕府城內翁洲在府學之東是會稽境舊經云徐偃

王居翁洲即此今有天慶觀焉

范蠡洲舊經云蠡泛五湖去後人思之名其洲也不知何地

上虞琵琶洲在東山下小江口一名琵琶圻水經注江有琵琶圻圻有古塚墮水甓有隱起字云筮吉龜凶八百年落江中謝靈運取甓詣京咸傳觀焉乃如龜繇凶知塚已八百年矣

〔汀〕

上虞横汀在東山下

〔灘〕

餘姚丁陵灘在縣少東江瀨粼粼潮汐上下常有

聲蓋其初釣游處也宋孫應時客星橋記云然

上虞七里灘在縣東七里通明壩下沙積水淺舟常待潮而行

瀑上虞石瀑不知何所南史上虞令王晏起兵攻郡將軍行會稽郡事孔顗以東西交逼不知所爲其夕率千餘人聲云東討實趨石瀑

潭山陰月潭在鏡湖三山之西廣袤數畝觀月爲冥然不知其得名之始

槿潭在府城西南百三十里水清味甘

清潭在府城西八十里水清瑩如玉又名碧潭

潮止潭在府城西八十里廣二十餘畝小江潮至此而止其水冬温夏寒

會稽麻潭在若耶溪側舊經云潭深而清孤石聳出水經注麻溪之下孤潭周數畝甚清深有孤石臨潭乘崖俯視猨狖驚心寒木被潭森沉駭觀上有一櫟樹謝靈運與徒弟惠連常游之作連句題刻樹側麻潭下注若耶溪水至清照衆山倒影窺之如畫唐人徵故事聯句古寺思王令孤潭憶謝公

織耳潭在府城東十五里一作的耳今呼爲織女潭在董家堰西有董永墓織女舖獨樹村凡堰之董姓者云悉永後俗傳永賣身葬父遇織女爲永織絹以償傭錢既罷浴於潭而上升按董永遇織女事摘收於爲善陰隲又見湖廣山東兩志中並云青州千乘人寓楚之孝感其遇織女止曰道遇不言會稽而今邑中盛傳永事於舖所似非其實縣新志云先輩言吾鄉某昔游太學祭酒丘公濬見問曰會稽有織女舖汝知之乎對曰不知公具語之則董永事也於是人駭公博學一至此果如文莊言必有所據愚謂文莊涉獵傳記偶記此事漫問之未必即有據意者董姓實永後士人因

其上世有此事相傳言後人因即其地指點久之稍加傳會遂為古蹟若舜井象田等類耳

白波潭在鏡湖東唐方干陪五大夫遊鏡湖詩白波潭上魚龍氣江樹林中雞犬聲

射的潭在仙人石室下其深叵測

龍潭在靜林山祈雨屢應

餘姚竹山潭在竹山

鬼嘯潭在游源山邵嶴內神龍是宅大旱禱之輒雨旁有龍王廟

上虞彈潭在昇相山之巔垂瀑百餘丈滙於潭潭上巨石隱隱有足迹號仙人迹

黑龍潭在縣東南四十五里兩山外夾潭界其中其山名潭山山之上下凡三潭一潭居山腰前有禮拜石平如掌遇旱禱之俛忽有黑龍見其上潭在山巔人跡罕至土人云每至第二潭則已眩暈不能支矣舊志孫纘曰餘姚輿夫爲余言萬曆十一年賃傭耕烏山是年大旱烏山鄉民相聚迎龍於兹潭潦亦與焉共將一木桶貯水到潭邊拜禱畢則有小青蛇見桶中衆輿歸至中途失之急奔往禱而蛇仍來比輿至村中大雨滂沱矣凡往迎者其田皆霑足餘田則

否靈應如此次日送還潭致敬以謝須臾蛇不見

嵊石將軍潭在縣東五十里潭深澄澈中有石突立如勇士

下鹿苑潭在縣西鹿苑寺西源出山巔二小石穴瀉流至葛仙翁祠下出二石甕間又一里許石崖壁立瀑布十餘丈下瀦爲潭嘉泰志云頃歲旱投簡潭內劃有聲俄頃水盡黑雷自潭發雨驟至如響

響巖潭在縣西四十五里定林寺北雨下則巖響

大湖潭在大湖山頂古稱赤水丹池深可二三丈餘

水色赤夕之則清潔神龍居也禱有應

新昌西相潭在縣南七里相傳石氏開義塾時文彥博杜衍呂公著韓絳皆來學嘗浴於此蓋傳之訛也

長潭在縣西南三十里一名槐潭其源西南自東陽北出夾溪過穿巖別一源南自天台出墓門溪東轉韓峯遶西與穿巖水合流入于潭又西北流入剡西門唐方干詩波濤漫撼長潭月

雪潭在鰲峯下上有瀑布水高掛巖端可二三丈瀉干潭潭廣一畝餘清徹可愛

巖春潭在水濂北有石澗自東鄮山來滙于潭潭深不可測兩旁石壁高數丈水流無聲上有椿樹甚怪

覆潭上

夫人潭在縣東五十里棠洲之側石壁高峻下臨深淵過者心怖明洪武中僉事唐方之妻死節於此名蓋因之

池

府城內王公池舊在西園內景頗佳勝今園廢而池存賤民雜居其旁一洿池耳

龍噴池在卧龍山前

石家池在織染局後

司馬池在如坻倉一名賀家池以上四池近多佃爲民業

龜山魚池（唐元稹詩）勸爾諸生好護持不須垂釣引青絲雲山莫厭看經坐便是浮生得道時（李紳詩）汲水添池活白蓮十千彷彿晝生天凡庸不識慈悲意自葬江魚入九泉後有題云微之詩戒僧以護生之意及公垂見而笑之未幾果有寺僧溺於池中者故公垂因形之於詩云

鵞池在蕺山戒珠寺前舊經云是王右軍養鵞之所華鎮考古云逸少既善筆札性復好鵞所在穿池滌墨其旁必有牧鵞之所此池是也一在城外又一在嵊金庭觀側以上隸山陰

洗硯池在白馬山下舊經云是王右軍洗硯處今人指戢山瀆汙爲池非也〔宋蕭昱詩〕鳳翥龍蟠萬紙奇墨花堆積幾臨池只今雲影徘徊處猶見當年洗硯時

日月二池相傳錢武肅王有目疾乃浚此二池月池在縣北日池今入縣治中

東大池在東府東坊通廣寧河宋嘉定十七年理宗即位封其父希瓐爲榮王以母弟與芮襲封奉祀開府山陰戢山之南曰福王府東大池其臺沼也今府城釀酒者多用此水以上隸會稽

山陰王右軍墨池在府城西南二十五里蘭亭橋東

宋華鎮記云聞右軍上巳日修禊在天章寺有墨池

鵞池皆遺迹池不甚深廣引溪爲源每朝廷恩命至

池墨必先見皇祐中忽三日連發未幾郤書至趙淸

獻公嘗親到池上與僧約曰池墨果見當爲聞于朝

既焫香致禱須臾池面墨光黑色倍常因皆於罍獻

之奄田使任布罷任遊山以香酒祭地倏忽墨色見

任留詩田曹郎吏何多幸親見池中墨水生（復齋漫

錄）臨川王右軍墨池每貢士之歲或見墨汁點滴如

潑出水面則必有登第

者何右軍多靈異如此

鵞池與墨池相近華鎮記云聞鵞池有白魚長數尺有捕者魚則騰躍而起其鬚鬣如銀下前池而去後復見於池中蓋異物也

會稽禹池古放生池也在禹廟前今呼爲禹池舊蓋名永周湖唐天寶二年祕書監賀知章表乞湖數頃爲放生池明年春以黄冠歸賜鏡湖剡川一曲敕永周湖爲放生池府有池放生始此歳久浸湮廢爲民田宋隆興二年郡奏析舊池廢爲田者二百七十頃復爲放生池詔從之池側創咸若亭後又增明遠閣

懷勤亭取宋高宗懷哉夏禹勤之句今並廢自唐乾
元後沿江諸州各置放生池一所宋天禧元年又詔
江浙等諸州放生池廢者悉興之原無池處沿江淮
近城上下五里並禁採捕天聖二年復詔未置者於
附郭三里浚之紹興十三年敕有司以時省視綱罟
入者以盜論於是放生池所在而有郡屬邑諸暨則
在縣東二里其周四十里亦名放生湖池心有小山
狀如龜號龜山東有虹梁扁放生橋餘姚即縣南大
江東西各一百五十步立石爲界所謂沿江近城上

下禁採捕者是也上虞在縣南二百步譙樓前坐道左右嵊有二一在通越門外一在縣西南五十里普會寺東山陰附郭想同會稽一池蕭山新昌舊志不載然不應獨無或習爲常事翻漏記耳

南池在會稽山池有上下二所舊經云范蠡養魚於此又云句踐棲會稽謂范蠡曰孤在高山不享魚肉之味久矣蠡曰臣聞水居不乏乾熇之物陸居不絕深淵之寶會稽山有魚池於是修之三年致魚二萬今古塘尚存而池皆廢爲田相傳破塘村乃其上池

云（宋華鎮詩：君王旦暮方嘗膽，猶築池塘長紫鱗。）

洛能池在五雲門外

方干池在府城東十里舊澄波坊，唐處士方干所居。華鎮考古云：雄飛門巷雖改，故池未湮，即此也。（干字雄飛）

凝碧池在府城隍廟內東首（張仲綸書石，有文昌閣，徐渭書「翊我文明」，陳洪綬書「孝友文章」匾額。又有三官祠、藥師殿，周應科偕衆善信捐資建。康熙癸亥七月修志于內，改名碧水。）

鰻池在府城東二十里（周圍數頃，其北岸有社廟，祀臯陶，不知其始。）

賀家池在府城東二十二里，周四十七里，南通鏡湖，北抵海塘，旁有支港四達，一名賀家湖（右有紅蓮池，在柳港）

餘姚鴈池在縣南五里雙鴈送虞國歸於此棲宿焉

郗家池在羅壁山晉郗愔池也

阮家池在縣西南三十五里梁文宣太后令嬴故宅池也

向家池在縣南一里許莫考其世昔在參政陳塏宅內不二三丈四面石甃之鄉人云是向敏中家池今城南有向丞相墓慈谿向姓是其子孫按敏中開封人不應餘姚有墓想其子孫隨南渡者陳參政云高曹向孟四姓俱來餘姚向后是敏中孫女國戚隨徙

意或近之嘉泰志有項家池在縣南十里
上虞朱公洗硯池在縣西北四十里池側有讀書堂
西有朱侍中廟侍中是東漢朱儁舊縣志云買臣遺
跡者誤也
謝公洗屐池在東山
嵊王右軍墨池養鵞池在金庭山右軍舊居處也又
獨秀山亦有右軍墨池
泉府城清白泉在府治內清白堂側范文正公記西
巖下獲廢井泉甘而色白淵然丈餘引不可竭

三汲泉在臥龍山麓泉甚淺不過有水數斗然汲盡已復滿未嘗竭也二泉俱隷山陰

山陰子眞泉舊記云在梅山今祠前有井甚冽疑卽此泉也山在城北十五里而放翁銘曰東北七里或有誤（宋陸游銘）距會稽城東北七里有山曰梅山山之麓有泉曰子眞泉遊者或疑焉智者及道人求笠澤漁父爲之銘銘曰梅公之去漢猶鴟夷子之去越也變姓名棄妻子舟車所通何所不閱彼吳市門人偶傳之而作史者因著其說儻信吳市而疑斯山不幾乎執一而廢百梅公之去如懷安於一方則是以頸血冊莽之斧鉞也山麓之泉甘寒澄徹珠琲玉雪與子徘徊酌泉飲之亦足以盡公之高而歎其決也

清龍泉在會稽山禹陵殿左山麓間康熙二十八年

聖駕南巡致祭

禹廟奉

勅修葺殿宇越次年整砌增址忽有泉湓湧而出泉甘

而色白知府李鐸仰見

皇上過化存神岳瀆效靈因名清龍泉以誌瑞云鐸立碑記

曰國家休徵之見至德所彰也必有神聖首出之主

涖乎其上然後天地休明山川告瑞圖書龍馬之奇

不召而自至書史所載若醴泉之瑞東井之祥豈偶

然哉我

皇上御宇以來河清海宴德化覃敷時和歲豐百靈效

順梯山航海之儔越裳白雉之貢屢應而迭見允樹

聖
無外之鴻模曠千古而獨隆者矣己巳春
聖駕巡視河工丕昭明德聿繼平成乃
幸會稽致祭
禹廟牲牷肥腯黍稷馨香百官肅穆祀事告虔猗歟
休哉爰奉
勅修陵廟經營丹雘赫奕輝煌
夏后王之聲靈煥然維新焉一日者砌整堦址而于
殿左山麓忽有流泉如乳坌湧而出一泓淺碧飲之
而甘如瓊漿如玉液詢諸土人前此未嘗有也觀者
如市豈非太和之氣汪洋盈溢故地不愛寶即呈其
瑞耶昔
大禹會計諸侯於越而金簡秘藏迄今莫窺其靈與
皇上翠華一至而斯泉輒獻其祥雖數千百年時之相
去久遠而要之至德所被源遠流長其所以承天休
而膺異兆者
先聖
後聖厥有同揆也鐸獲遇
聖明之朝親被太平之盛叨守茲土樂覩徵應之奇不

覽踴躍忭舞願之日清龍泉以頌我
皇上過化存神長發其祥之慶焉爾于是稽首頓首拜
筆而爲之記康熙三十年歲次辛未
四月望日紹興府知府臣李鐸恭紀
會稽令楚黃王風采作古風八十韻以頌美云河流
底績萬國寧玉帛衣冠拱神京遐荒入版通瀚瀛
德化翔洽消鯢鯨聲教四訖邁先型濬宮切念在編
氓河患不治治家室傾白馬黃牛勢澎澎投璧囊沙虛
工程漕輓千里俾長征國計攸關固非輕諏吉春王
輦轂升巡狩于南歌昇平稼穡匪懈有典刑入疆問
俗辨慝貞匿蹕長途乃股肱紫薇端居環台衡濟濟
蹌蹌皆國楨聿昭贊畫與凝承六龍開儀車彭彭旂
旆揚揚開龍旂星寒劍佩露初凝雉尾雲移霞蔚蒸
鑾儀冠軍燦三英神武貔貅盡綠縢供億無煩吏不
驚香飄閭閻懸珠燈載道謳歌皆歡聲二月中浣幸
蠡城臚歡嬉嬉樂春耕父老策杖忻相迎嵩呼匍匐
臨江汀瞻天頌祝際元亨祥麟入奏紫氣增太平有
道聖人生歷朝遣祭表丹誠罕聞御鞋苗山登

萬壑千巖瑞靄縈卿雲爛熳麗日晴坦坦御道鮮
棘荆鈞天縹緲動　宸聽敕命禮臣備犧牲八佾舞
樂潔粢盛琮璜圭璧蹌鳳笙太常賁幣凜鳳與鴻臚
肅儀何兢兢鵷序成行遵
朝廷天容穆穆通幽宮廟中有事聞蔥珩欽崇　夏后
明德馨命彼苗裔列泮饗食報舊德永遐齡蒼松礫
砥亦浩滎克配覆載之含弘磨藻氤氳仰　天經梅
梁聖跡輝碑銘特命督臣廓基楹乃召有司討經營
庀材鳩工務殫精操作出入詠戴星庶民子來鼛鼓
興廟貌巍煥當陽明峯巒朝矗何崢嶸隆世明禋多
休徵嶽瀆感召效厥靈山麓礦沸音錚錚儵而坌湧
東階盈品嘗甘冽宜和羹厥色素潔而鮮澄過化存
神益處稱允宜勒石傳嘉名黃河之水天上行地中
湧出非無情伏羲當時河圖呈岐山亦有神烏停歸
功于上理所應
天子允恭辭祥禎昭告　夏后河工成悠久不息龍泉
鳴千秋萬歲頌
皇清

半月泉在法華山天衣寺側姚氏叢語唐李紳題天衣寺詩殿湧全身墖池開半月泉此泉隱於巖下雖月圓池中只見其半最爲佳處紹興初僧法聰乃鑿開巖上易名爲滿月甚可惜也

玉帶泉在琵琶山陽和嶺下泉止一洼有孤松蔭於其上味甘而冽色微白故羣謂之玉帶或謂嶺上有張氏墓因後裔文恭張陽和鍾祥於此遂名其嶺且有呼玉帶泉爲陽和泉者矣

會稽鄭公泉在若耶溪東去葛仙翁釣磯不遠水經

涏泉方數丈漢大尉鄭弘宿居潭側因以名泉輿地志弘雖居台輔常思故居會病困思得此泉水家人馳取飲少許便差泉有二脉滴瀝出石罅味極甘冝茶石之上爲行路而泉涏溪中非山僧野叟不能知其處（宋華鎮詩）溪上清泉玉色寒臨泉踏盡石苔斑爲憐北闕乘軒客白首高情在舊山

雲門泉在雲門山泉上舊有亭扁曰好泉取范文正山有好泉來之句今廢（唐僧靈一詩）泉源新湧出洞徹應纖雲稍落芙蓉沼初淹苔蘚文了將空色淨素與衆流分若對清霄月冷然夢裏聞

苦竹泉在秦望山會文淸墓旁林多苦竹泉出其下

泓潔宜茶

惠泉在太平山二泉如帶大旱不涸（宋晏殊詩）稽山新茗綠如煙靜挈都籃煮惠泉未向人前殺風景更持醪醑醉花前

菲飲泉一名菲泉在大禹寺側可數十步

溫泉在府城東南八十里

眞珠泉在少微山齊祖之冢山十詠泉其一也

傅公泉在射的山下傅給事崧卿先墓側初因地坎窪鑿池瀦水每上冢以煎茗浣祭器縱五尺衡六尺深半衡之數泓潔甘美士夫謂足方公清德遂目曰

傅公泉

蕭山香泉在石巖山方四尺深尺許

佛眼泉在城山

洗馬泉如池在城山

諸暨稻種泉在縣西二十五里源出苧蘿潭山其流溉民田甚廣他鄉多求穀種於此一名盡泉溪

乾薑泉在乾薑山清瀅殊異越王用此水造薑

餘姚龍泉在龍泉山之趾宋高宗飲之甘因賜十甕以去宋王安石詩山腰石有千年潤海眼泉無一日乾天下蒼生望霖雨不知龍向此中蟠又人傳

湫水未嘗佑湍底蒼苔亂髮粗四海旱多霖雨少此中絲有卧龍無（蘇軾詩）餘姚古縣亦何有龍井白泉井勝乳千金買斷顧渚春似與越人爭日注

華清泉在陳山之半一名旋井相傳昔有人得一鰻於井持歸欲烹之俄而失鰻後數日見其游泳於井而有欲痕疑其龍云宋元豐中楊景謨顧臨同遊酌泉賦詩

姜女泉在姜山其水清冽有木葉蔽之去葉則濁寶慶志云俗呼爲姜女池姜女不知何時人旁有淨凝寺池廣不及丈旱不涸雨不盈寺之飲濯皆取給焉

池中草嘗蕪沒僧稍芟治泉即竭禱祈久之乃如故此頗爲異

上虞姥婆泉在五癸山西趾味清洌行人爭飲之

嵊偃公泉在縣北三里明心寺側僧仁偃施水於此

沸泉在石門山下溪坑其穴周四五尺常如湯沸自下衮起四時不竭

新昌蒙泉在九巖山下慧雲寺東廡出石罅間 唐姚合詩 飲訖花間壯此山遊人多作慧泉看龍津有脉來無盡茶碗浮珠潤不乾在沼瑤拱雲漢自結冰深透淨旒寒他年欲給千僧供更接滄浪幾百年

醴泉在獨秀山麓味殊甘美

杖錫泉在夾洲山下唐僧靈徹之故迹

（井）府城內鰻井在寶林山舊經云井有靈鰻或時出現墨客揮犀云越州應天寺鰻井在盤石上其高數丈井纔方數寸乃一石竅鰻時出遊人取之置懷袖間了無驚猜如鰻而有鱗兩耳甚大尾有刃迹相傳黃巢嘗以劍刺之凡鰻出遊越中必有水旱疫癘之災鄉人嘗以此候之華鎮考古云飛來山下石井大如盆盂無耗溢有二鰻文采煥爛世言下徹滄海好

事者以絲綫懸錢探之極兩紽不得其所止

方井在卧龍山足今名卧龍泉朱齊唐有詩

烏龍井在卧龍山巔水甚冽宋淳祐間趙與𥲅浚

古琵琶井在軒亭口湮沒已久順治庚子冬火燬井始出會稽庠生姚奕買爲義井

山陰廢井舊傳井有三廢今人以爲温泉鄉銅井即

是又一在嵊

梅福册井在梅里尖

陸太傅丹井在府城西北法雲寺佛殿前少東太傅

昔以直集賢院守鄉邦晚謝事居寺東魯墟故廬辟

穀煉丹專汲此井十餘年容貌不衰嘉泰志云丹已八轉忽變化飛去太傅乃洗鑪餘水飲之數日不疾而逝又以餘水分諸孫飲者三人中大必年八十六祠部傅年九十承奉倚年八十三其說近誕姑存之

浮丘公丹井在府城西一百二十里

會稽禹井在會稽山水經注山東有硎去廟七里深不見底謂之禹井云

錢王井凡數十大抵多在五雲稽山門外甃以石水高於地不溢不涸方暑時行道甚以爲惠相傳皆錢鏐所浚

葛仙丹井嘉泰志云在雲門淳化寺佛殿西廡之外僧房中泉味甘寒冠一山唐時有長松樹近已槁死又云有松夭矯如龍正覆井上若護此泉者眞可異也今殿廡已非故址而井在殿外竹林中（唐顧況詩）野人自愛山中宿況在葛洪丹井西門前有箇長松樹夜半子規來上啼（宋陸游詩）葛洪丹井一千年翁去丹飛餘此泉淵如古鏡不拂拭俯聽鉄甃時鏘然神龍受命護泉卧蜿蜒直恐從天墮人言神物老愈靈夜半聲附風雨避放翁還山亦何有閉門吟笑龍爲友客來相對聊曲肱但酌此泉勝酌酒（高似孫詩）竹屋虛明卧古松葛仙丹井尚遺蹤日長無事同僧話指點雲邊三四峯（明吳騏詩）團團石甃冷蒼苔仙客雲遊竟不來寂寞斜陽巖壑底藥爐丹竈盡塵埃又一在禹穴側華鎮考古云葛

稚川煉丹於菀委山下有遺井大如盆盂其深尺許清泉湛然唐宋之問詩著書惟太史煉藥有仙翁

何公井在雲門山西梁何胤所居也唐宋之問詩樵逕謝村北學井何巖東

巖裏九井在府城東南七十里巖戶山下深不可測舊傳每雷電時有巨魚揚鬣其中爭以網取之不可得山頂有巨石如擔高峻人不可至其左清溪瀉流上有石洞若大廈可容數十人景極幽勝

歐冶井在鑄浦齊唐錄鑄浦事云有淬劍大井存焉

蕭山金泉井在縣西一里嘉泰志云今爲居民徐氏圃每縣務醖酒取汲於此士大夫家釀酒亦多用之故縣多名酒亦名酒泉縣志云其色瑩潔今蠶繅用焉

瀟井在縣西南七里井高於路數尺其水可掬意瀟水源或出於此

石井在連山旁小山上上廣下曲秉燭而入不盡數十級相傳謂妃子墓

白龍井在航烏山顛

諸暨鴟夷井在城中翠峯寺

丁令威井在縣東北西巖山西岳寺相傳亦云是煉丹井

硯水井在縣東南光山永福寺梁武帝讀書堂側云是武帝遺跡

楊家井在盤龍山相傳飲之能已疾

餘姚葛仙井在龍泉山巔

上虞舜井在百官市舜帝廟北東西各一昔湮爲二墩吳越時錢王鏐復浚得讖記寶物（錢鏐記）吳越寶正中旌教寺僧

義恩奏云按圖經西北去三十五里有舜井二口深三丈舜子生時井爲湧泉即淘金之處也世傳秦始皇封塞今作兩墩存焉各高一丈相去三十餘丈晉宋以來僧爲佛寺鄉人或遇耕鋤多得古塼甓石南去半里有舜廟北去半里爲百官橋東去二百步有機證院唐僖宗朝賜額寶正三年閏八月初九日奏上當月十四日錢王差西都上直官五十八東都上直官五十人賫火糧齋飾至井所開掘得讖記寶物一百二十餘件都抽領西都上直廂虞候盛瑗東都上直廂虞候孫弘西都隨身虞候閭丘稔勾當拜祭內直殿十將于軒十六日鑿西井十九日得銀環六赤珠一金合一古文錢二千三百四十琥珀珠一當十大錢三當五五十大錢二十四太平百錢直百三銖二十四大錢二百五十四五銖錢九百六十貨泉錢二百八十半兩錢三十石獅子一鐫其背曰重華井天明可開腹內有水精珠一東井得銀椀二高一尺五層內有金椀舍利二顆散金椀二金鈴六銅鈴一銀環六銀鈴一水精珠十四琥珀珠九雜珠大小三

十五小琥珀獅子三十瑪瑙珠七玉人一玉環一銅鏡三銅爐一小瑪瑙珠六玉瓶一以上共三十四件並有石匣盛之題云唐元微四年於此造搶鎮井西井有重華石一片濶三尺厚九寸左右有索痕深二寸官中令造深沙神一軀足履四石寶正四年六月廿九日差錢文殷祭神鎸云吳越國王寶正三年八月十九日重開舜井收得重華石一片切恐年移代遠莫測端由特令鎸刻用記年月巳丑歲林鍾之月二十九日天下都元帥吳越國王記　又一在象田山南唐朱餘慶詩碧甃磷磷不記年青蘿深鎖小山顛向來下視千尋水疑是蒼梧萬里天　又餘姚歷山亦有舜井

金罍井在縣南半里許漢魏伯陽遺迹晉太康中浚治得金罍上之於朝其下更有九小井泉井而冽元時作亭其上後圮明正德間再搆石亭

焦家井在縣東通明門外舊經云昔焦贛卜地穿此井水味甚甘今名唐家井

蕭家井在縣東等慈寺西廡之側舊志云本梁蕭氏所捨宅也

龍頭山井在龍頭山崖石間水經注清泉常溜南帶長江北連上陂

磨劍井在伏龍山之陰世傳吳越王曾磨劍焉深可七尺廣半之

嵊趙廣信井在小白山俗呼趙仙湖亦煉丹遺迹

大士井在宣妙寺水味清美甚無底止

石井在實性寺輿地志云城内有石井深五丈即此是也

明覺寺七井大者濶一丈深五尺有靈鰻大如椽常見

新昌七星井凡七眼布列於縣直街如七星然宋知縣林安宅浚

齊公井在石城山

天井在南明洞頂用以洗目愈目疾

鍾井在縣東三十里其地名鍾井村患痢及腹痛者飲之即愈

渡會稽曹娥渡在府城東九十里絕江而過隔岸爲上虞

蕭山西興渡是爲錢塘江東岸在縣西十里吳越通津也有官舟水工二十四人其私舟姓名亦各隸於官有罹傾覆之變者官以法治之唐周匡物西陵待渡詩萬里茫茫天塹逕秦皇底事不安橋錢塘江上無錢渡又阻西陵兩信潮

上虞百官渡在百官市口宋李光詩聽雨微茫水接天隔江茅店有炊烟杖藜

獨步沙頭路猶
記當時趁渡船

嵊東渡西渡南渡水經注江水翼縣轉注故有東渡西渡焉東南二渡通臨海泛單舟爲浮航西渡通東陽連二十五舟爲橋航（宋王性之雪後渡西溪詩）雪山川酒旗隔步招賢客獨上西溪渡口船按宋以前江水遶四門故有此三渡今則溪流直東下非舊道矣北門猶存
古溪蹟云

新昌三溪渡在縣西二十里舊有石橋每春夏水暴漲即壞明萬曆中知縣田琯置渡舟以濟之

〔津〕上虞南津水經注孔靈符遏蜂山前湖以爲埭埭

下開瀆直指南津

橋府城内府橋在鎮東閣東寶慶志云舊以磚甃不堅久郡守汪綱乃盡易以石橋既寛廣翕然成市

酒務橋在府南一里

鳳儀橋在府南百餘步俗呼爲懊來橋以近司獄司故

拜王橋在府西南獅子街舊傳錢王鏐平董昌郡人拜謁於此康熙二十八年知府李鐸更名豐樂橋

北海橋在府西北二里許俗傳唐李邕寓居之地

火珠橋在火珠山下今名弘濟橋又名寶珠橋

萬安橋在府西北新河嘉泰志云蜀馮氏居於河之北築園於河之南作橋以通往來

江橋在府東北二里許山陰記云宋江彪所居之地今郡人以爲江文通故居非也

草貌橋在府東北嘉泰志云舊傳此地在州城外俗謂征稅之所爲貌此以在郊故名草貌

題扇橋在戢山下晉書羲之傳嘗在戢山見一老姥持六角竹扇賣之羲之書其扇各五字姥初有慍色

因謂姥曰但言是王右軍書以求百錢姥如其言人競買之他日姥又持扇來羲之笑而不答華鎮考古云舊橋在解愠方以上俱隸山陰

狀元橋在府東南四里許宋詹騤所居里也

竹園橋在禮遜坊

都亭橋亦在禮遜坊越絕書秦始皇東遊之會稽以甲戌到大越舍都亭都亭之名始此旁有廢井傳云薊子訓賣藥之所

大夫橋在東郭唐張志和所居里也

望花橋在府學前嘉泰志云其地多藝花爲業蓋宋時然

鍾離橋在府南二里漢鍾離意遺跡

仰盆橋與覆盆橋相望中小橋曰望郎橋在府東南三里許相傳是朱買臣出妻遺跡然買臣是吳人今姑蘇志具載之大抵越中所傳買臣事多傅會

柳橋在府東南三里有王毓著殉節碑

斜橋在府東北三里其旁多客邸四明舟楫所集

廣寧橋在都泗門内漕河至此頗廣橋上正見城南

諸山宋紹興中有鄉先生韓有功復禹爲士子領袖暑月多與諸生納凉橋上有功沒其徒朱襲封允宗作詩懷之朱亦修潔士云明隆慶中衛地華嚴寺僧性賢募緣重修宋允宗詩過河梁風月故時秋不見先生曳杖游萬疊遠青愁對起一川漲綠淚爭流

鏡水橋在府東四里宋趙處士仲微所居

渡東橋在東郭門外有陶望齡記橋右有忠節祠

山陰杜浦橋在府城西北十五里漕河旁嘉泰志云自此而南烟水無際鷗鷺翔集過三山遂自湖桑埭

入鏡湖

柯橋在府城西北三十里漢地志上虞縣仇亭柯水東入海或云此即柯水橋東有城隍行宮

魯墟橋在府城西北十五里南爲漕河北抵水鄉如三山古澤南莊之屬又北復爲漕河漕河之北復爲水鄉渺然抵海謂之九水鄉蓋大澤也（宋曾幾詩談誇水鄉勝謂不減吳松）

梅市橋在府城西北二十里（唐趙嘏贈山陰叟詩任近梅橋市嘗稱魯國人）

蘭亭橋在府城西南二十五里晉王右軍修禊處橋

下細石淺瀨水聲晝夜不絕跨橋爲合暉亭（宋吳長文詩）秦望奇峯北天章古寺東石橋跨驚瀨雲屋麗層穹

亭山橋在府城南十五里近鏡湖諸溪之水滙焉

大虹橋在府城西南四十里雄架湖上

錢淸橋在府城西北五十三里舊以木栅爲浮橋明弘治八年邑人周廷滓乃建今橋焉

會稽靈汜橋在府城東二里石橋二相去各十步吳越春秋句踐領功於靈汜水經注城東郭外有靈汜下水甚深舊傳下有地道通於震澤漢書有靈文園

此圜之橋也汜一作圯尚書故實云辨才靈汜橋嚴遷家赴齋蕭翼遂取蘭亭俗呼爲靈橋（唐李紳詩）靈汜橋邊多感傷水分湖派逹回塘（元稹詩）靈汜橋前百里鏡石帆山掩五雲溪

春波橋在千秋觀前取賀知章春風不改舊時波之句

三橋在府城東南五里有橋三其中橋有亭扁通濟鏡湖分東西以此爲限然以地勢考之恐亦非古也今廢

五雲橋在府城東二十六里有亭扁曰溪山奇麗舊

跨溪今在平陸矣

平水橋在平水市北

雲門橋在若耶溪南橋東百餘步又有小石橋架亭其上曰麗句亭（唐宋之問詩）鴈塔騫金地虹橋轉翠屏

石橋在廣孝寺前（宋蘇舜欽送張行之詩）五雲山下石橋邊六月溪風酒面寒今正炎天君獨往松間尋我舊題看

洞亭橋在陽明洞前架小亭其上自橋東數十步又有鬪牛觀山二橋入龍瑞宮

告成橋在禹廟西

蕭山憂筆橋在縣城內江寺前白橋至寺三十步宋謝濤臣記初齊建元中左衛江公捨所居宅爲大福田斯橋之興與寺偕始天聖記號之二年李君以廷尉評宰是邑惜江氏之寖微乃諭居僧俾募信施經始不日而功用有成又作駐節亭於橋之北文多不盡載華鎮詩綠波照日情無柰碧草連天恨未消欲問憂中傳彩筆柳絲低拂曲欄橋

白鶴橋在白鶴鋪前東與山陰界唐李紳詩未見雙童白鶴橋

漁臨關橋在縣東十五里明田惟祜記縣之來蘇鄉濱東小江名畢家堰而工部抽分廠在小江之西永樂間有木橋尋廢嘉靖中王政薛公議建石橋未果今林公朝乃成之紿羨餘爲工費橋五洞長十餘丈

高遷橋在縣北五里十道志云董襲見孫權於此吳

志孫策入郡郡人迎于高遷注承典有高遷橋

諸暨義津橋在縣南門外唐天寶中縣令郭密之建

太平橋在縣東門外舊爲浮橋明景泰元年知縣張鉞易以石長三十六丈廣二丈五洞

干溪橋在縣東北六十二里傳以爲吳干吉所居宋陸游詩卻劍歸來席未溫南行浩蕩信乾坤峰同內史曾游地竹暗仙人舊隱村白髮孤翁鋤麥隴茜裙小婦闔籬門行行莫動鄉關念身似浮萍豈有根

餘姚江橋在縣南門外折而東三十步許宋慶曆間令謝景初始用木跨江橋之尋壞崇寧五年邑人莫

若鼎乃建石橋名德惠橋甚高大其旁有碑云海鰌
過而風帆不解建炎三年金兵焚之紹興初縣令蘇
思規復建雖稍不逮昔尚爲壯觀淳熙中壞王司業
逵捐貲爲木橋巨木五接架空負石勢若虹偃至咸
淳復壞司業之孫應龍新之壯偉加於昔易名虹橋
德祐二年張世傑焚之元縣尹杜仲仁更名王應龍
再建欄楯未畢復壞延祐中知州夏賜孫造浮橋以
濟會僧惠興請作石橋官許之經始有緒而僧卒羽
士李道寧繼其役州判官牛彬捐俸倡焉至順三年

橋乃成名曰通濟三洞長二十四丈高九十六級後
因南洞稍圮邑人徐主簿倫募金修之復完
黃山橋在大黃山北莫詳其始建歲月其燬而再建
也在宋紹熙間名善政橋元至順中嘗修之至正間
復壞僧自悅重建潮汐奔潰不可置一石自悅祝天
願少卻潮忽竟日不至乃併力基之橋成適方國珍
之弟國珉來鎮邑諗珉者更橋之名曰福星初爲二
洞高危善敗明正統二年改爲三洞嘉靖三十四年
倭寇猝自海上來居民計無所出遂毀橋明年城東

士大夫各以義捐金復建橋石柱而木梁尋復屋其上中或塑神佛像焉橋南建敵樓石甃如城門

隱鶴橋在縣東南十五里唐莫盛携鶴至此鶴忽隱不見

戰場橋在縣南四里宋宣和二年睦寇犯境縣遣顧秀才徵所部鄉夫鑿壕龍泉山後寇乃取道鳳亭欲自南門橋入越帥劉述古率官軍迎戰於此敗其衆今訛爲轉糧橋

大黃橋小黃橋在縣西南三百步許水經涯江水東

逕黃橋下蓋黃昌宅橋也跨小涇旁北臨江

新橋在縣西北二十里舊跨長泠港曰長泠橋亦名方橋明初置臨山衛斥官道遷長泠之橋爲新橋〈明謝遷答馮憲副蘭方橋道中見懷詩〉方橋徒步記當年今日經過一愴然老去杜門深避俗閒來命駕偶隨緣乘桴嘆我從遊海煉石憑誰託補天邂逅行過仍一笑聯床剪燭話心便

客星橋在客星山北橋與安山並今呼爲安山橋

航渡橋在燭溪湖中石匱山東湖塘百餘丈橫截梅澚湖卩橋當其東半不至岸五六丈石柱屹立水中爲洞五石梁架其上濶可三尺長五丈餘規式朴野

而縣物禮二湖之勝峽中風自南飈飈來盛夏不熱
橫河橋在孤山東北三洞下爲閘蓄東北諸鄉之水
上虞通濟橋在縣南一百步舊名通村橋宋紹興中
王吏部義昭重建名通利元至元中改今名
楊橋在縣南一里去曹娥廟三十里世傳曹操殺楊
修處蓋傅會也宋嘉定中濬玉帶溪得石刻楊橋二
字陳光祿絳云昔孟嘗爲合浦太守以病自止隱處
窮澤身自耕作隣縣士民慕其德就居止者百餘家
同郡尚書楊喬前後入上書表其賢今縣東一里有

孟聞云是嘗故宅宅西有楊喬巷橋名或由此曰窮澤者此時尚不爲縣縣蓋在百官云

九獅橋在縣東等慈寺前

姜家橋在縣西五十步二橋旁俱有則水牌

孟宅橋在縣東門外其南漢孟嘗宅也〔宋華鎮詩〕溪上還珠太守家小橋斜跨碧流沙清風不共門墻改長與寒泉起浪花

百官橋在百官市亦名舜橋

學堂橋在朱侍中廟前

嵊子猷橋在縣東五里晉王徽之子猷返棹處也世

說王子猷居山陰夜大雪眠覺開室命酌酒四望皎
然因起彷徨詠左思招隱詩忽憶戴安道時戴在剡
即便夜乘小舟就之經宿方至造門不前而返人問
其故王曰吾本乘興而行興盡而返何必見戴（宋王十朋
詩）千古剡溪水無窮名利舟閑中乘雪興惟有一王
猷（曾幾詩）小艇相從本不期剡中雪月並明時不因
興盡回船去那得山陰一段奇（來子儀詩）四山擁玉
夜光浮一舸玻璃凝不流若使過門相見了千年風
致一時休（王銍詩）我家住在剡溪曲萬壑千山看不
足却笑當年訪戴人雪夜扁舟去何速（明胡淮詩）百
尺長橋卧碧波依依兩岸枕青莎絕憐一夜扁舟興
贏得芳名萬古多（張雄詩）千山雪霽玉崔嵬百世衝
寒特地過總使興闌回棹去絕勝俗客到門多（王世
貞題剡溪障子詩）晉有王子猷風流掩前輩高屐郗

公門拄笏馬曹歲歸來百事稀種竹凢幾園貪看鏡湖白坐失青山輝風吹大空雪片片鏡中飛千巖鳥雀東不喧田父墐戶鑪頭眠孤棹蒼烟放歌去故人應在剡溪邊人間載生寧易得其若歸心浩還發空林無枝玉凌亂獨破寒流載明月相逢稚子候荆扉東方漸高跡已微偶然適意差足快千載何人勞是非誰爲强被丹青色令予欲訪山公宅荻花茫茫不知路中夜披圖典蕭瑟

謝公橋在縣西一里因康樂得名橋下沿溪陡門

西門橋在縣西門外明弘治中邑民王漢二自捐千金甃石橋垂成洪水衝壞嘉靖二十四年知縣譚潛因舊跡益以梭整十四上橫架石梁可通輿焉

新昌石橋在縣東七十里水經注浦陽江東逕石橋

廣八丈高四丈下有石井口徑七尺橋上方石長七尺廣一丈二尺橋頭有磐石可容二十人坐溪水兩旁悉高山山有石壁二十許丈溪中相攻鼠響外發未至橋數里便聞其聲輿地志云剡東百里有石橋里人傳云舊路自石筍入天姥今石筍橋下一大井與水經頗合疑今石橋即昔之石筍橋也（唐項斯寄石橋僧詩）

逢師入山日道在石橋邊別後何人見秋來幾處蟬溪中雲隔寺夜半雪添泉生有天台約知無却世緣

司馬悔橋在縣東南四十里一名落馬橋唐司馬承禎隱天台山被徵至此而悔因名

古松橋在縣東北二十里當台寧三水交衝之地邑人劉炳建疊石覆板其上復架以屋如樓閣

步〈會稽平水步〉

諸暨硯石步

上虞石駞步不知何處述異記云在上虞

塘〈山陰富中大塘舊經云富中里是也越絶書句踐治以爲義田肥饒故謂之富中十道志句踐以田肥美故云富中晉左思吳都賦富中之甿貨殖之選〉

古塘在府城西南二十五里晉太守謝輶築

抱姑塘在府城西五十二里上連鏡湖下接小江世傳塘初創之時隨築隨潰一老嫗苦之赴水死其婦痛之亦赴水死抱姑屍出水中塘遂成

吳塘在府城西三十五里越絕書句踐已滅吳使入築塘東西各千步名曰吳塘

會稽鍊塘在府城東五十五里越絕書句踐采錫山爲炭聚載從炭瀆至煉塘各因事名之水經銅牛山北湖下有鍊塘里句踐鍊冶之處

菁江石塘在府城東六十里俗稱石塘越絕書石塘

越所轄軍船也塘廣六十五步長一百五十三步宋淳熙九年令楊憲重築加甃塘岸一里餘

刑塘在府城北十五里賀循記云防風氏身三丈刑者不及乃築高塘臨之故曰刑塘然塗山東又有斬將臺亦云斬防風者未知孰是（宋張伯玉詩）防風獨彊梁後至行趦趄天威不可稽敗骨盈高車至今憔悴煙慘淡藏封隅（華鎮詩）汪芒後至知何用敗骨空專一素車

偣塘在府城東五十里舊經云昔偣楚共築此塘堰水溉田

紹興府志卷之八終

紹興府志卷之九

古蹟志一

臺　壇　官　室　闕　亭　樓　閣　堂

軒　齋　榭　屋　里

〈臺〉府城內靈臺在龜山山陰境吳越春秋云起游臺其上又云冠其山巔以爲靈臺水經注起靈臺于山上作三層樓以望雲物

山陰望烏臺王子年拾遺記云越王入吳有丹烏夾王而飛故其霸也起望烏臺以表其瑞今溫泉鄉十

九都鏡湖旁山有望湖臺舊址或云卽其處也

賀臺水經注長湖山之西嶺有賀臺越入吳還而成之

斬將臺在塗山東禹會諸侯防風氏後至以其人長築臺斬之

駕臺越絕書周六百步今安城里吳越春秋駕臺在於越丘

會稽離臺在府城東南二里越絕書周五百六十步今淮陽里丘吳越春秋起離宮于淮陽

中宿臺又作中指臺越絕書中指臺馬丘周六百步今高平里丘吳越春秋中宿臺在于高平

宴臺在府城東南吳越春秋宴臺在于石室吳王聞越王石臺之遊未嘗敢上以爲畏法服威也

呼鷹臺在石姥山相傳有異人登巖呼鷹鷹即下揮即去

陶朱公釣臺十道志云在會稽縣南

蕭山越王臺在城山（唐宋之問詩）江上越王臺登高望幾回南溟天外合北戶日邊開地濕烟常起山晴雨半來冬花採蘆橘夏果摘楊梅跡類虞翻枉人非賈誼才歸心不可度白髮重相

進（李白詩）西陵拱越臺樓府城內卧龍山亦有越王臺未知孰是然此二詩所詠似與此地形勢相合故附于此

諸暨靈女臺在縣東北

餘姚祭忠臺在龍泉山絕頂臺即巖石也正統間宦官王振用事翰林侍講劉球疏之忤詔獄姚人成器與劉素絕知面夜率同志設雞酒祭之後人因名其陳雉之石曰祭忠臺石旁刻三大字爲王新建守仁書

上虞葛洪釣臺

陶弘景釣臺皆山巖石其山皆名釣臺山

王弘之釣臺在蘭芎山宋王弘之傳性好釣上虞江有三石頭弘之嘗垂綸于此人問得魚賣否答曰釣自不得得亦不賣

新昌任公子釣臺在南巖山半壁磯石也

壇會稽松花壇在雲門唐大曆中嚴維呂渭茶宴于此聯句幾歲松花下今來草色平遶壇烟樹老入殿雨風輕

諸暨范蠡壇在縣南九里有陶朱公祠

宫山陰浴龍宫在迎恩門外虹橋北宋理宗母全氏

家也理宗童時值秋暑偕弟與芮浴于河鄞人余天錫自杭來舟抵此忽雷雨帝與與芮趨避舷側天錫卧舟中夢龍負舟驚起視之則兩兒也問之爲全保正家兒乃登岸詣全氏主人具雞黍命二子出侍因謂天錫曰此吾外甥趙與莒與芮也日者嘗言二子後當極貴天錫爲史彌遠門客時彌遠有廢立意囑天錫番訪宗子之賢者適感此異遂還白彌遠後卒代濟王爲帝今橋側會龍石尚在

會稽美人宮在府城東五里越絶書周五百九十步

陸門二水門一今北壇利里丘土城句踐所習教美女西施鄭旦宮臺也女出于苧蘿山欲獻于吳自謂東垂僻陋恐女樸鄙故近大道居

〔室〕山陰金堂玉室晉書許邁傳邁嘗遺王右軍書自山陰南至臨安多有金堂玉室仙人芝草左元放之徒漢末諸得道者皆在焉〔宋蘇軾詩〕金室玉堂餘漢上桃花流水失秦人〔又詩〕若逢逸少問金堂應與稽康留石髓

會稽氷室越絕書東郭外南小城者句踐氷室去縣三里句踐之出入也齋于稷山往從田里去從北郭

門杓龜龜山更駕臺馳於離丘遊于美人宮興樂中宿過歷馬丘射于樂野之衢走犬若耶休謀石室食于氷厨領功銓土已作昌土臺藏其形隱其情一日氷室者所以備膳羞也

闕　山陰雙闕舊經云城北門外雙木闕夾道闕樓內有築土漢時載長安土以爲闕也水經注越事吳故北其門以東爲右西爲左也故雙闕在北門外闕外百步有雷門門樓兩層句踐所造時有越之舊木矣州郡館宇屋之大瓦亦多是越時故物

亭府城內東武亭在龜山以山自東武飛來也〔唐元稹醉題東武亭詩〕役役閑人事紛紛碎簿書功夫兩銜盡留滯七年餘病痛梅天發親情海岸疎因循未歸得不是憶鱸魚〔李紳詩〕蘭鷁對飛魚棹急彩鴻翻影海旗搖

候軒亭圖經唐觀察使李紳嘗于府東建候軒亭龔明子葆光錄稱皮光業微時夢亭上偶人皆列拜覺而自負後果知東府事嘉泰志稱宋時故老云翟忠惠公帥越亭尚無恙公出有風胥其織簣闌干上或謂亭神實爲祟也公怒即日撤毀之今市人猶稱軒亭西溪叢語紹興府軒亭臨街大樓五通神據之土

人敬事翟公巽帥越盡去其神改爲酒樓神座下有一大酒字亦非偶然目爲和旨樓取食貨志酒酤在官和旨便人

兼山亭在蕺山巔嘉靖十五年知府湯紹恩推官陳讓建三亭俱山陰地歲久亭廢

皇清康熙二十年知府王之賓重建山陰知縣范其鑄記康熙庚申春郡侯王公朱幡皂蓋來守越郡舉凡政之有裨于士民爲之立綱陳紀振衰起弊百廢聿新風俗丕變八邑之人咸知有更生之慶而共沐公之德化于無疆也因于涖治之餘殷然復古思郡城之內介處西北蕺山之巔有亭翼然先賢所建今僅留其遺跡而榱桷棟楹無復有存焉者公于是愀然念之以爲故

老相傳茲亭有係于文明之運學校振興俊乂輩出科名茇踵代不乏人而乃傾圮久廢殆非所以明教化歌譽髦此守土者之責而亦爲此邦士大夫之羞爰于辛酉夏先爲捐俸以示倡率庀材鳩工塗垣餙墉越明年季春上巳而亭于是乎落成仍其名曰兼山亭甚盛舉也昔之亭湮于蔓草零露今之亭巋爲鳥革翬飛于以望江山之秀麗瞻民庶之殷繁不僅快心意娛耳目以爲登臨遊觀者哉吾思公甫下車輒綱羅名彦而拔最者更爲都人士所推許且是亭之建適届賓興登賢書捷南宫列中秘指不勝屈皆我公樂育人才之至意爲能相與以有成也猗歟休哉同頤四境之中萑苻靖息桴鼓不驚賣刀買犢桑麻遍野相率雍和共安樂利優游爲太平之民者而不知誰之功夫於越爲霸國之餘業生聚教訓不難沼强吳而雄天下然則登斯亭也念霸圖之猶在景先烈之可思烟火萬家閭里相錯瘡痍未起今則甦之流離未復今則歸之汗萊未闢今則除之禾稼未成今則藝之追踪渤海繼美潁川而俾召父杜母之歌

洋溢于龍山鑑水浣江天姥之間豈不盛哉夫郡城八山山陰則居其六昔郡守何公有越望亭之修而郭外之蘭亭處千巖萬壑間許公于是而增葺之俾曲水流觴風景宛在則是役也有關文教不後來居上哉（又詩）一峯高峙冠東華此際登山興轉賒雲滿千家映雉堞風吹萬戶漾桑麻雕梁新搆承朝日畫棟重開噪晚鴉越國千岩仍在望風流刺史蹟堪誇○（唐彪詩）巍亭重峙使君游畫棟巍峩起越州烟雨城頭迷翠靄湖山鏡裡入清秋當年剩有珠林在此地曾經綵筆浮何幸追隨分講席右軍猶見舊風流

山陰白樓亭在常禧門外附城起今有白樓堰焉水經注重山大夫文種之所葬也山上有白樓亭亭本山下縣令殷朗移置今處沛國桓儼避地會稽聞陳業履行高潔往候不見儼後浮海南入交州臨去遺

書與業不因行李繫白樓亭柱而去升陟遠望山湖滿目也則似在卧龍山顛未知何地是會稽記曰亭在山陰臨流映壑也世説孫興公許元度共在白樓亭商略先往名達林公既非所關聽訖云二賢故自有才情〔宋徐天祐詩〕江左名流共往還白樓何許只青山不須商畧閑今古物换星移俯仰間

柯亭漢時名高遷亭在府城西三十里伏滔長笛賦序云蔡邕避難江南宿柯亭之館取屋椽爲笛注柯亭在會稽郡張騫文士傳蔡邕告吳人曰吾昔嘗游會稽高遷亭見屋椽中東第十六根可以爲笛取用

果有異聲劉宋時孫法亮攻沒郡縣會稽太守褚淡之破之于柯亭賊遂走永興卽此地也今亭已廢爲柯橋寺〔唐胡曾詩〕一宿柯亭月滿天笛亡人沒事空傳中郎在世無甄別爭得名垂爾許年

蘭亭在府城西南二十七里越絶書句踐種蘭渚田晉右軍將軍會稽內史王羲之與同志太原孫綽陳留謝安及其子獻之等四十二人脩禊于此水經注湖南有天柱山湖口有亭號曰蘭亭亦曰蘭上里太守王羲之謝安兄弟數往造焉吳郡太守封蘭亭侯蓋取此亭以爲封號也太守王廙之移亭在水中晉

司空何無忌之臨郡也起亭于山椒極高盡眺矣亭宇雖壞基陛尚存按秦法十里一亭亭者猶今之鋪也故有亭長有亭侯蘭亭柯亭楊亭嵊亭皆此類右軍序稱會稽山陰之蘭亭亦若云山陰之某里某鋪爾自是後人遂以蘭亭若爲右軍遊宴之亭榭者然非其本矣

羲之自作蘭亭修禊序永和九年歲在癸丑暮春之初會于會稽山陰之蘭亭脩禊事也群賢畢至少長咸集此地有崇山峻嶺茂林脩竹又有清流激湍暎帶左右引以爲流觴曲水列坐其次雖無絲竹管絃之盛一觴一詠亦足以暢叙幽情是日也天朗氣清惠風和暢仰觀宇宙之大俯察品類之盛所以遊目騁懷足以極視聽之娛信可樂也夫人之相與一世或取諸懷抱晤言一室之内或

因寄所託放浪形骸之外雖趣舍萬殊靜躁不同當其欣于所遇暫得于已快然自足不知老之將至及其所之既倦情隨事遷感慨係之矣向之所欣俛仰之間以爲陳迹猶不能不以之感懷況脩短隨化終期于盡古人云死生亦大矣豈不痛哉每覽昔人興感之由若合一契未嘗不臨文嗟悼不能喻之于懷固知一死生爲虛誕齊彭殤爲妄作後之視今亦猶今之視昔悲夫故列叙時人錄其所述雖世殊事異所以興懷其致一也後之覽者亦將有感於斯文一十一人詩二篇成〔羲之詩〕代謝鱗次忽焉以周欣此暮春和氣載柔咏彼舞雩異世同流乃携齊好散懷一丘〔又〕仰視碧天際俯瞰綠水濱寥朗無涯觀寓目理自陳大矣造化功萬殊莫不均羣籟雖參差適我無非親〔瑯琊王友謝安詩〕伊昔仙子有懷春游契茲言執寄傲林丘森森連嶺茫茫原疇逈霄垂霧凝泉散流〔又〕相與欣嘉節率爾同褰裳薄雲羅物景微風翼輕航醇醪陶丹府兀坐遊羲唐萬殊混一象安復覺彭殤〔司徒左西屬謝萬詩〕肆眺崇阿寓目高林青

蘿翳岫脩竹冠岑谷流清響條鼓鳴音元萼吐潤霏霧成陰（又）元冥卷陰旗句芒舒陽旌靈液被九區光風扇鮮榮碧林輝英翠紅葩擢新莖翔禽撫翰遊騰鱗躍清泠（左司馬孫綽詩）春詠登臺亦有臨流懷彼伐木肅此良儔脩竹蔭沼旋瀨縈丘穿池激湍連濫觴舟（又）流風拂枉渚亭雲蔭九皐鸎羽吟脩林游鱗戲瀾濤攜筆落雲藻微言剖纖毫時珍豈不甘忘味在聞韶（行參軍徐豐之詩）俯揮素波仰掇芳蘭尚想賢客希風永歎（又）清響擬絲竹班荊對綺疏零觴飛曲津歡然朱顏舒（前餘杭令孫統詩）茫茫大造萬化齊軌罔悟圓同競異標旨平勃運模黃綺隱几凡我仰希期山期水（又）地主觀山水仰尋幽人蹤迴沼激中逵疎竹間脩桐因流轉輕觴冷風飄落松時禽吟長澗萬籟吹連峯（王彬之詩）丹崖竦立葩藻映林綠水揚波載浮載沉（又）鮮葩映林薄游鱗戲清渠臨川欣投釣得意豈在魚（王凝之詩）莊浪濠津巢步潁湄冥心真寄千載同歸（又）氤氳柔風扇熙怡和氣淳駕言與時遊逍遙映道津（王肅之詩）在昔暇日味存林

嶺今我斯游神怡心靜〔又〕嘉會欣時游豁爾暢心神吟咏曲水瀨淥波轉素鱗〔王嶽之詩〕散懷山水脩然忘羈秀薄粲穎疏松籠崖游魚扇香鱗躍清池歸目寄嘆心寘二奇〔又〕先師有冥藏安用羈世羅未若保冲真齊契箕山阿〔陳郡袁嶠之詩〕人亦有言得意則歡嘉賓既臻相與游盤微音迭詠馥焉若蘭苟齊一致遐想揭竿〔又〕四眺華林茂俯仰晴川渙激泉流芳醪豁爾累心散仰想逸民軌遺音良可玩古人詠舞雩今也同斯歎一十五人詩一篇成〔散騎常侍郄曇詩〕溫風起東谷和氣振柔條端坐興遠想薄言游近郊〔行參軍王豐之詩〕肆眄巖岫臨泉濯趾感興魚鳥安居幽峙〔上虞令華茂詩〕林榮其蔚澗激其隈汎汎輕觴載欣載懷〔潁川庾友詩〕馳心域表寥寥遠邁理感則一冥然淵會〔鎮東司馬虞說詩〕神散宇宙內形浪濠梁津寄暢須臾歡尚想味古人〔郡功曹魏滂詩〕三春陶和氣萬物齊一歡明后欣時和駕言耿清瀾亹亹德音暢蕭蕭遺世難望巖愧脫屣臨川謝揭竿〔郡五官謝懌詩〕縱暢任所適洄波縈遊鱗千載同一

朝沐浴陶清塵（潁川庾蘊詩）仰想虛舟說俯嘆世上賓朝榮雖云樂夕斃理自因（中軍參軍孫嗣詩）望巖懷逸許臨流想奇莊誰云眞風絕千載挹遺芳（行參軍曹茂之詩）時來誰不懷寄散山林間尚想方外賓超超有餘閒（徐州西平曹華詩）願與達人遊邂逅遊濠梁狂吟任所適浪流無何鄉（滎陽桓偉詩）主人雖無懷應物貴有尚宣尼遨沂津蕭然心神王數子各言志曾生發奇唱今我歡斯遊慍情亦暫暢（王元之詩）松竹挺巖崖幽澗激清流蕭散肆情志酣觴豁滯憂（王蘊之詩）散豁情志暢塵纓忽以捐仰詠挹遺芳怡神味重元（王渙之詩）去來悠悠子披褐良足欽超迹修獨往眞契齊古今一十六人詩不成曰侍郎謝瓌曰鎮國將軍卞廸曰行參軍事丘旄曰王獻之曰行參軍楊模曰參軍孔盛曰參軍劉密曰山陰令虞谷曰府功曹勞怡曰府主簿后綿曰前長岑令華耆曰前餘杭令謝藤曰府主簿白凝曰任城呂系曰任城呂本曰彭城曹諲各罰酒三觥（孫綽後序）古人以水喻性有旨哉非以渟之則清淆之則濁耶故振轡

於朝市則克諧之心生閒步於林野則寥落之意興仰瞻羲唐邈然遠矣近詠臺閣顧探增懷聊於曖昧之中思縈拂之道暮春之始禊于南澗之濱高嶺千尋長湖萬頃乃藉芳草鏡清流覽卉物觀魚鳥具類同榮資生咸暢於是和以醇醪齊以達觀快然兀矣焉復覺鵬鷃二物哉曜靈促轡元景西邁樂與時過悲亦係之往復推移新故相換今日之迹明復陳矣原詩人之致興良歌詠之有由天章寺碑人姓名同世説以蘭亭叙爲臨河叙詩不成罰酒者十五人謝藤作謝勝餘杭令作餘姚令何延之蘭亭記云四十一人有許詢支道林晉書列傳又有李充當以碑爲正按以上各詩無別本俱本柳公權所錄余嘗見其墨跡前題云四言詩王羲之爲序序行於代故不錄其詩文多不可全載今各裁其佳句而題之亦古人斷章之義也其孫序題曰五言詩序序止於有由句下作細字云文多不備載其大畧如此其詩亦裁而綴之如四言焉其字下一字模糊難辨然則今所傳詩文似俱非全篇又文多不備載下自是公權語舊

志連作孫序似誤今改正焉〔西溪叢語〕東坡和陶詩云再遊蘭亭默數永和歲蘭亭之會自右軍謝安凡四十二人後大曆中朱廸呂謂吳筠章八元等二十七人經蘭亭故池聯句有賞是文辭會歡同癸丑年之句必有此事也嘉泰志所載詩文多四句云曲水追歡處遺芳尚宛然名從右軍出山在古人前〔元貢師泰詩〕陰雨翳巖谷野水漫池塘倏然變新霽自物生輝光散策鄉風媚浣衣蘭渚鄰佳會後華簪列坐催流觴鳴禽亦有意睍睆如笙簧悠悠千載間孰繼謝與王光陰亦何速聚散安可常及時不歡樂白髮徒慨慷〔韓性詩〕昔人藝芳蘭遺跡越溪上風流昔諸賢好奇極尋訪坐令後來人弔古更惆悵憶昔初來遊精廬適新創俛仰三十年故交獨青嶂今晨天氣佳烟堤繫輕舫相攜得良朋舉酒互酬倡散策依晴林松洞俯新漲地偏塵易遣慮澹情自暢回首昔時遊樂事終不忘誰謂古人遠千載欣一餉彭殤端齊軌蒙莊諒非妄〔余闕詩〕春節過東鄙總轡臨越墟覽此崇山阿亭樹東晉餘陽林積珍木禊館疏鏤渠微

風旋輕瀨宛委寫成書秋杪霜露滋淸商滿縣隅紅蓮凋綺莖微瀾見躍魚籍芳泛羽觴眂聽良有娛逍遥大化內豈必三月初（劉履詩）維茲暮春節光風扇和柔雍雍集蘭渚蕭蕭皆良儔俯觀百卉茂仰睇孤雲浮摛藻遂揮翰汎觴隨曲流羿彼舞雩咏千載同悠悠世殊事亦泯陳迹空林丘散懷良不易勞形復何求撫景發深喟疇能踵前修（明高祖御製流觴曲水圖記）古蘭亭流觴曲水圖一卷俯淸流而沸湍仰茂林而幽靜亭坐一人下視遊鵝一裀一皮二人露列流側一授一接松下二人一掀髯而問一凝卷而聽巖傍一人神倦而伸身澗右一人一手舉卷一手握筆按膝竹間二人一卷軸已成一回身以軸而授盃澗北二人一據膝而問一以手即地而聽又竹邊老竹下二人年邁屈脊抱膝草卷而息一臨流而採二人一收卷而捲一紐頸而觀詩底一人按筆硯整衣冠而坐其穎川庾蘊過酒覆盃交睫不開僕者撼之參軍楊模隔流而躍如伶人狀王獻之攝衣而憩王肅之將俯流而取觴司馬虞說凝輸以言呂系側

身以手踞地而聽后綿酩酊握卷坐寢孔熾酒後持卷仰觀劉密袒衣攘臂以取覆杯王元之王彬之相揖而構詞謝繹搔疥王徽之舉幅執筆而書勞怡擊杯鵲下徐豐之玩鵝遞觴華者停杯他視曹華開卷王蘊之攘臂肆坐卞廸迎流欲觴謝萬回顧長松曹謹舒手回顧華茂袒衣執筆呂本握筆搔耳虞谷捧觴而勸他者孫嗣掀髯而態度袁嶠之讚他文王豐之開卷誦之首有童子十人侍立者二主器者一擎撫者二掬酒者一發杯者三受酒者一中有遺滯杯者一末有童子五人捧黻者二呼杯者一縱杯者二一卷凡六十人內鳥一隻其或吟或咏或醉或眠或俯或仰或起或坐或舞或取或趨或止曲盡其態尤有異焉皆始于一良工之胷方有名于筆鋒之下是可奇也由斯知晋代之衣冠人情之風美有若是耶故予洪武九年秋七月記

明王冕詩

東晉風流安在哉烟嵐漠漠山崔嵬哀蘭無苗土花盛長松落雪孤猿哀滿地紅陽似無主春風不獨黃鸝語當時諸子巳寂寥眞本蘭亭在何許欲簷花樹緣女蘿崩崖斷

壁青相磨舊時觴詠行樂地今朝魚鼓瞿曇家荒林晝靜響啄木流水潺潺遶山曲遊人不來芳草多習習餘風度空谷去年載酒誦古詩今年拄杖讀古碑年年慷慨入清夢何事俯仰或傷悲故人不見天地老千古溪山爲誰好空亭回首獨淒凉山月無痕脩竹少陸相詩追陪冠蓋及芳時倦倚籃輿赴隴遲自剪荒榛開鶴徑少分流水入鵞池文工尚掩孫郎序酒盡會無子敬詩他日重來今是昔此懷惟自此君知

天章寺前舊有蘭亭書院明嘉靖二十七年知府沈啓遂移蘭亭曲水于其地文待詔徵明爲作記書册勒石今所謂蘭亭者是也後寺被火記石燬亭亦就頽萬曆初山陰知縣徐貞明再脩之疏流砌石覆亭

九曲上十二年知府蕭良幹又加新焉其後復圮至
國朝康熙十二年癸丑知府許弘勳重建今復舊觀
矣（明）文徵明重修蘭亭記紹興郡西南二十五里蘭
渚之上蘭亭在焉郡守吳江沈候省方出郊得其
故址于荒墟榛莽中顧而嘆曰是晋王右軍修禊之
地今禊帖傳天下人知重之而勝蹟蕪廢行路嗟惜
守土者不當致意耶既三年道融物敷郡事攸理乃
訪求故實稽遺起廢以次修舉而蘭亭嗣葺焉亭所
在已非故處壞且不存而所謂清流激湍亦已湮塞
于是翦茀决澮尋其源而通之行其流于故址左右
紆回映帶仿像其舊而甃以文石視舊加飾闢其中
爲亭榱棟煇奐欄楯堅完墨池鵞池悉還舊觀經始
戊申十月成于己酉三月不亟其工也余惟右軍始
去護軍而爲會稽其歲月不可考而開倉賑饑上疏
爭吳會賦役與執政書極陳郡中斂事其于爲郡盡
心焉蘭亭之會殆政成之暇歟至其兩陳殷浩北伐

而策其必敗告會稽王須根立勢舉而後可以有謀不然社稷之憂可立而待迹其所爲豈空言無實者使其得志其功烈當不在茂弘安石之下時不能用而歛其所爲優游于山林泉石之間至于誓墓自絕嗚呼豈其本心哉夫自永和抵今千歲百年國有典廢人有代謝而蘭亭之名迄配斯文以傳其事又有出于泉石遊觀之外者君子于此蓋有所識矣蘭亭諸賢文物雍容極一時之盛委蛇張弛古訓攸存文章翰墨所未論也然而文翰之美自茲以還亦未見的然有以過之者則夫所以掩其心志而失其實者有以哉陳鶴與荆州太史約修蘭亭舊約書日月易遷人生若浮精華漸衰歡娛難永文章固身後之名杯酒實眼前之樂吾越蘭亭諸賢惟明此理乃能高蹈一時風流百世惜乎咏歌在石而亭宇榛蕪足下才冠漢魏與翼晉唐何惜片帆渡浙僑止于蘭渚之上與鶴訂事圖起頹敗重濬曲水之流再栽茂林之竹繼風雅于上代盡逍遥于此生也復何求哉誠能停觴一呼吳越良類則和聲而至上者可得數十人

次者亦可得百餘千年奇會一旦復新且以山川孕
靈人物世出盛時佳賞恐亦無遜于晉耳〔蘭亭會飲
送沈使君詩四首〕清流椌廣陌嵒匡俯層亭日融秋
氣佳賞侶如聚星雲林啓逸想風泉娛靜聽我侯如
後來吾民惡能寧〔又〕亭承永和餘會創嘉靖始山川
聚華靈人物咸君子濯彼曲澗流薄采秋蘭莅使君
發馬敫修路紅塵起〔又〕孟冬會蘭渚亭展蔬豆陳豈
論貴賤殊志一跡可親協歡曲水際散坐從性眞微
酬播芳味自覺觴有神緬懷一代賢遂爲千古人事
勝量能繼亭荒當復新林成鳥歸宅氣回山吐春候
績及先彦匪但澤吾民遺茲亭上碑歲歲霑人巾又
征旆停西郊衣冠集華宇使君吐芳談金風動修渚
離緒縈前途驪歌促征旅渺渺雲山重落日徒延佇
〔國朝太守許弘勳重建蘭亭序〕自漢魏以來山陰道
上得名最著王右軍初渡浙東見山水明秀遂卜居
于采戢之麓拉同志數輩修禊蘭亭爲千古佳話故
後之騷人詞客間關至越者無不欲探禹穴訪蘭渚
尋問曲水流觴爲越游韻事余不敏承守是邦意其

地必亭臺燿燦修竹依然廼于簿書之暇輕騎入山問所謂蘭亭者但見榛莽蒙茸荒烟滅沒名流高士無復登眺嘯咏游展間至爲空谷足音嘻異矣非所稱游蘭亭止游得記中感慨係之四字哉夫邑有勝事而廢墜不修此雖長吏者之闕如抑亦越中賢士大夫之遺憾也乃四顧躊躇座中有明經虞子翺者欣然是任庀材鳩工咄嗟立辦化荆蕪爲雅麗闢舊址而增華積翠浮于高軒林影卧于曲澗自是烟霞有主巖壑改觀或泛輕鷗或聯駟騎一觴一咏而前者鵞池墨渚之間踵相接也猗與盛哉虞子因拂石磨崖屬余作序余曰修復古跡守土之職也登高作賦大夫之事也余何敢辭但此地山川景物前輩記之甚詳毋庸更僕第于氣數之循環亭榭之興廢時歲之遭逢若有宿緣前定非偶然者葢右軍脩禊歲在癸丑余初至蘭亭亦歲在癸丑右軍于是年初大會余于是年復舊址而紀其同游姓氏俱若三生石上之人抑何巧合也昔東坡初入智果便爾勾留不去余于萬壑千巖殆有夙契以故分符於越修禊重

逢豈非天假之緣哉玆者崔梓致警羽檄星馳因思
昔年謝太傅當國外有侵凌內有跋扈太傅惟鎮以
安聞新亭之會淝水之戰皆奏功于從容暇豫之中
余雖非其人竊有慕焉而未逮也蘭亭之舉亦借是
以息吾民之風寉乎嗟嗟右軍以蘭亭集序方金谷
詩序余謂金谷故址具在見之者掉頭不顧今聞修
復蘭亭無不嘖嘖稱羨詎非高風逸韻足以興起百
世而癸丑之後復有癸丑山川呵護代有其人後之
視今亦猶今之視昔則蘭亭其終古勿壞也夫

國朝姜希轍重建蘭亭碑記三韓許公來守我越政
治有章廢墜釐舉視事三月兆民歌之公以褰帷之
便流覽古志求所謂蘭亭者而游焉俯仰遺墟慨然
興起撫材庀事斯亭復完亭成歲在癸丑適同永和
禊飲之年時人異焉屬轍紀其事而勒之于石竊惟
先王建置列辟嘉與庶邦冢君各謹侯度雖有怠荒
之戒而其國中臺池苑囿則未嘗廢考其遺制必擇
勝地而營之為民上者用以息勞勸而通志氣兼與
賢士大夫從容樽俎之間周咨民俗增廣見聞非特

遊觀而已故魯有觀臺齊有柏寢楚有章華典冊所載三代之流風餘韻未之有改也典午之東右軍將軍王羲之爲會稽內史尚有蘭亭觴詠之樂當時同遊若謝安之屬皆以高譚曠遠坐致折衝論者咸稱羲之具濟世才未竟其用意謂是數所由與秦漢二千石專尚武健刻深佗佗簿書鞅掌堂皇之上者雖俗殊矣今公才侔王謝而修永和之蹟豈特千年廢緒歸然復興將繼古人學道愛人之美于斯亭先見之自公成斯亭一年而有萑苻之警公譚笑却之不異安石之在淮淝也然則百世之後登斯亭者其慨慕我公與公今之慨慕右軍其風流邁往又何如哉轍雖不敏其可無辭以述之爲前序之續乎〔三月三日蘭亭修禊巡憲許弘勳詩〕經歲干戈亂蘭亭縱川新盛衰空自惜感慨向誰陳山水私吾輩詩文繼晉人與來歌欲暮醉去酒忘巡舉世爭崇誕群賢樂有真從茲遊越者復挹永和春〔郡侯何源濬詩〕俯仰千載內山川氣復新曠然感會遇觸景理自陳抗情塵物表匡濟務寧人暇豫企往哲燕賞幾游巡嘉賓迭

酬唱高言偃蘊眞重遘
永和年觴咏陶芳春

康熙三十五年

皇上御書蘭亭叙命織造部臣敖福合員外郎宋駿業勒石於蘭渚山天章寺側上覆以亭三十七年復

御書蘭亭二大字懸之其前疏爲曲水後爲右軍祠密室廻廊清流碧沼入門架以小橋翠竹千竿環遶左右遊人至者無虛日焉

蘭亭叙右軍自書是日酒酣用蠶繭紙鼠鬚筆書凡二十八行三百二十四字他日更書終無及者右軍

亦自愛重傳至七世孫僧智永轉付弟子辨才唐太宗遣御史蕭翼賺得之命供奉榻書人趙模等榻以賜皇太子諸王近臣後遂以殉昭陵惟榻本傳於世米芾書史云蘇耆家蘭亭三本一是參政蘇易簡題贊曰有若像夫子尚與闕里門虎賁類蔡邕猶傍文舉尊昭陵自一閉真跡不復存今余獲此本可以比璵璠第二本在蘇舜元房上有易簡子耆天聖歲跋范文正王堯臣參政跋云才翁東齋書嘗盡覽焉蘇治才翁子也與余友善以王維雪景六幅李王翎毛

一幅徐熙梨花大折枝易得之毫髮備盡少長字世
傳衆本皆不及長字其中二筆相近末後捺筆鈎廻
筆鋒直至起筆處懷字內折筆抹筆皆轉側褊而見
鋒蹔字內斤字足字轉筆賊毫隨之于研筆處賊毫
直出其中世之摹本未嘗有也此定是馮承素湯普
徹韓道政趙模諸葛正之流搨賜王公者碾花真玉
軸紫金裝背在蘓氏舜元房題爲褚遂良摹余跋云
樂毅論正書第一此乃行書第一也觀其改誤字多
率意爲之咸有褚體餘皆盡妙此書下眞跡一等非

深知書者未易道也贊曰熠熠客星豈晉所得養器泉不留腴翰墨戲著標談書存焉式鬱鬱昭陵玉盌已出桓温無類誰寶眞物水月非虛移模奪質繡繅金鐍瓔機錦綺猗歟元章守之勿失第三本唐粉蠟紙摹在舜欽房第二本所論數字精妙處此本咸不及然固在第一本上也是其族人所摹蓋第二本毫髮不差世當有十餘本一絹本在蔣長源處一紙本在其子之文處是舜欽本一本在滕中處是歸余家本也一本在之友處是時去唐未遠故榻本猶有存

者至南渡後則榻本略不談及而惟聚訟于定武刻矣定武乃歐陽率更所臨貞觀時刻石宋慶曆中李學究得之後宋景文守定武買置郡庫大觀時龕置宣和殿至建炎維揚之變乃失焉然諸公爭論肥瘦則墨本固富今則定武贋本亦爲毛麟角矣（宋曹氏蘭亭審定訣）我生適癸丑倒指十四周中間幾古今沿革難泝流長歌繫顛末後出無與儔區區訪寡陋欲陳良贅疣書家一詞稱定本審定從來有要領瓊墨或用三叠紙針爪天成八段錦中古亭列九處劍最後湍流五字損界畫八麁九更長空一尾行意不盡歐公集古莫之珍道祖懷璧西歸秦雲林寶晉號博雅肉骨喻借脩江人近世王允號多識肥瘦聚訟徒紛紜手追賴有吳姜單粗于斯文能寫眞眞僞要區別驪

黃俱小節模拓偶濃淡豈足病竒絕取玉棄
木石貴完次剝缺鑒裁當精深副以右方訣郡舊有
石刻李伯時圖諸賢詩及孫後序皆具明孫鑛曰余
童時入郡齋見官所方在彼搨之時未知書覩右軍
一幅覺亦翩翩可喜今憶之似就周邸五本翻出者
石粗字稍拙近日郡帥蕭公乃乞先朝賜本于楊分
憲家而託書待詔趙士楨摹入石詩後序俱趙書而
無圖蕭公及郡理陳公俱有跋焉（蕭良幹）跋右敘刻
乃明仁宗東宮時
所得唐人墨本以賜師臣楊文貞公而其嗣孫憲僉
公所珍藏而世守者也書法遒勁流動奕奕有風致
當是褚河南臨本無疑視世所寶定武本又霄壤矣
越故有刻卷僅具字畫無毫髮筆意殊醜之不佞守

越之明年政事之暇葺蘭亭探雲門弔先賢之遺蹤尋智永辨才故處慨焉興嘆謂越中珍奇竟作冢中灰土以爲千古之憾適司理陳君立父昭中翰趙君常吉于東嘉知僉憲公有此本又知趙君摹手特精絕遂請得于楊公而屬趙君雙鉤入石并書諸賢詩刻置郡齋以爲茲土之勝事云嗟夫昔真跡之去越吾家御史實爲之吾今即不能挈舊物而還之越其庶幾復舊觀哉是亦可以釋憾也夫陳汝璧跋余少耽臨池酷好羲獻書比理越多暇間從太守蕭公遊蘭亭登雲門低徊戒珠蕺山間求二王隻字無有也余家有定武禊帖未攜而郡齋所藏殊稱惡札毎一展玩輙爲扼腕會有事東甌得覩憲大夫楊公家藏仁宗御賜卷比之定武行筆多勝而遒媚勁健真足絕代因白于太守公屬中翰趙君雙鉤入石置鎮越堂傳之永永楊公卷末有黎惟敬題比之竒寶家珠惟敬負書名鑒識甚精而趙君方以字學爲上所拔尤足重云曩余過雲門指辨才塔戲謂太守公非公家御史不能得此和尚梁間物今茲刻成于太守公

又異時佳話柄也

適南亭在梅山頂宋熙寧中郡守程師孟築（陸佃記）會稽山川之秀甲于東南自晋以來高曠宏放之士多在于此至唐餘杭始盛而與越爭勝見于元白之稱然山川之勝殆有鬱而未發者也熙寧十年給事程公出守是邦公吏師也下車未幾政成訟清與賓客沿鑑湖上蕺山以尋右軍秘監之跡登望稍倦未愜公意于是有以梅山之勝告公者蓋指其地昔子真之所居也今其少西有里曰梅墅其事應史公聞往焉初留佛剎橫見湖山一面之秀以爲未造佳境也因至其上望之峯巒如列間見層出烟海窈冥風帆隱映有魁偉傑特之觀而高情爽氣適相值也已而山之高層因築亭焉名之曰適南蓋取莊生大鵬圖南之義服日領賓飲而賞焉于是闔州以爲觀美而春時無貴賤皆往又其風俗雅潔嬉遊皆乘華舫平湖清淺晴天浮動及登是亭四眺無礙恍若登于蓬萊之

上可謂奇矣雖然公之美志喜于發揚幽懿豈特賁一山而已凡此鄉人藏道畜德晦于耕隴釣瀨居市卜肆魚鹽之間者庶幾托
公之翼搏風雲而上矣

會稽王子敬山亭在雲門山（唐王勃脩禊雲門獻之山亭敘）觀夫天下四海以宇宙爲城池人生百年用林泉爲窟宅雖朝野殊致出處異途莫不擁冠蓋于烟霞披薜蘿于山水況乎山陰舊地王逸少之池亭永興新郊許元度之風月琴堂寥落猶停隱遁之賓醼渚荒凉尚有適逢之客仙舟蕩漾若海上之槎來羽蓋參差似遼東之鶴起或昂昂騁驥或泛泛飛鳧俱安利名之塲各得逍遥之地而上屬無爲之化下棲元邈之風永淳二年暮春三月脩禊事于獻之山亭也遲遲風景出沒媚于郊原片片仙雲遠近生于林薄襍花將發非止桃溪遲鳥亂飛有餘鸎谷王孫春艸處處皆青仲統芳園家家並翠于是携旨酒列芳筵先祓禊于長洲却申文而促席良談吐玉長江與斜溪爭流清歌遶梁

白雲將紅塵並落他鄉易感每悽恨于茲辰羇客何情更歡娛于此日加以今之視昔已非昔日之歡後之視今豈復今時之會人之情也能不感乎宜題姓字以傾懷抱使夫會稽竹箭則推我于東南崑阜琳瑯亦歸余于西北

皇甫秀才山亭說者謂皇甫冉也〔唐孟浩然詩〕嘉賓在何處置亭春山顛晴湖瀉峯鏡翠浪開萍蘚

袁秀才山亭近方千別墅千數過之〔方千詩〕經年此地爲吟侶早起尋君日暮遊

光風亭舊經云在城東北二百里

鏡光亭舊經云在會稽縣界

蕭山吳越兩山亭在北幹山玉頂峯宋景德四年令杜守一建題曰知稼亭元令尹性脩之改今名〔元吳廷臣記〕蓋自天目而來其支別爲岸江之山凡屬于吳者飛舞欄楯之外自秦望而來其支别爲岸海之山凡屬于越者環繞窗戶之間攢峯疊嶂重岡複嶺或起而伏或斷而續大者如宗卑者如介靡者如奔隆者如矗缺者如鑿銳者如劍旋者如顧拱者如揖出奇獻秀戟列筆立不可具狀〔薩天錫詩〕幹山孤亭據盤石老我凭高興無極長松參天凝黛色空翠滿山如雨滴長江中斷海門開兩岸連峯排劍戟或蟠臥龍形或鼓舟鳳翼仙乘縹緲東海東徐福樓船竟何益採藥人已陳鞭玉土有赤四海混一車書同形勢何須限南北吁嗟霸業今誰在吳山越山長不改〔高啟詩〕憶昔看山吳越遊酒酣鼓棹江中流左招舞鳳來百里右顧卧龍横半洲崢嶸兩勢不相下氛翳淨掃當高秋文身烏喙昔分處有國本是東諸侯區區尺

槩固無異朝吞暮併山應羞不知千載竟誰主伯氣倏與飛烟收邇來此地有兵甲風景頗似當年愁黃雲蔽天道路遠我欲再尋應無由聞君作亭壓此境坐獲衆勝非窮搜江長不隔飛鳥渡峯多欲障斜陽留廢興自古屬造化登臨不須生百憂但當矯首望東海一杯笑舉越浮丘（陳世昌詩）亭高徑曲山之顛無數青山來眼前江流忽作地中斷海門直與天相連風帆颯颯暮潮裏烟樹漠漠春城邊無窮勝賞自多趣千載世事徒茫然（張憲詩）浙江洶洶界吳越兩岸青山如剪絶會稽南去遠莫攀天目西來青不絶壺瓶塔下認宋陵玉笥峯前尋禹穴千巖萬壑競秀麗鳳舞龍飛幾盤折句踐嘗膽於越强夫差掩面句吳滅四世莫羨錢鏐雄一敗徒嗟董昌劣纔聞彌遠勢薰天又見似道炙手熱畫棟珠簾府第開瓊樓碧瓦宫庭列烟霞倏忽人事異風水遷移時運竭氣數或與興廢關形勢不因成敗別變化晦暝山吐嵐消磨宇宙潮奔雪倚檻凌空精爽飛捫蘿弔古肝腸裂拄杖朝來東眺雲吹笙夜落西陵月天道無窮酒盞

空人生幾何屐齒折斷鰲不補天柱傾煉石費填滄門鈌鄉人秉筆固有情令尹作亭豈無説〔劉宣詩〕朝看東山雲暮看西山雨孤亭在中央相對如賓主矯矯卧龍蟠軒軒飛鳳舞樹影各參差嵐光互吞吐叶嗟吳越亡于今已千古不悟抉目忠詎知嘗膽苦登臨撫陳迹淒凉與誰語白鳥烟中來長歌下山去徐賁詩長江接海門一水限吳越兩山鬱相對峯巒各羅列勁勢爭吐吞蒸嵐互出没尹君好雄觀結亭山水窟闌干出層巔細路縈百折垂蘿絡懸石老樹着栖鶻平生登臨興盡爲千古發不知嘗膽人此地幾征伐至今兩山雲來往似奔突嗟予客江海所歷多奇絶何當止斯亭長歌弔遺烈

麗句亭唐處士秦系所作在秦君里〔唐戴叔倫贈詩北人歸欲盡猶自住蕭山閉戸不曾出詩名滿世間〕一在嵊剡中里〔大曆五年鄭守薛公僕射奏爲右衛率府倉曹參軍〔系辭以詩〕由來那敢議輕肥散髮行歌自採薇逋客不能忘野興辟書翻遣脱荷衣家中

冗一婦空相笑池上羣鷗晝欲飛更乞大賢容小隱益看愚谷有光輝

會景亭在溪口寺（宋范仲淹詩）求取會稽藏拙地日雲深處亦行春（吳處厚詩）會景亭高石作層

臨江亭舊在西興鎮久廢正德末知縣伍希周裁葺稅課局更建

一覽亭在石巖山嘉靖十一年知府洪珠建

諸暨芝山亭在縣西南三里唐天寶中郭密之建其山多芝艸

龜山亭在縣東二里放生湖中亦郭密之建

浣溪亭在浣溪

餘姚雩詠亭在秘圖湖北元越帥劉仁本建劉仁本叙至正庚子春仁本治師會稽之餘姚乃相龍泉之左麓州署之後山得神禹秘圖之處水出巖罅瀦爲方沼疏爲流泉卉木叢茂行列紫薇間以竹篁彷彿乎蘭亭景狀因作雩詠亭以表之合踰越來會之士得四十二人同脩禊事取晋人蘭亭會圖詩缺不足者各占其次補之總若干首因曰續蘭亭會云劉仁本補參軍劉密詩俛仰宇宙睠茲山川欣欣卉木冷冷流泉豈伊獨樂尚友千年飛觴撫詠萬化陶然又陽春沐膏澤艸木生微暄靈圖發幽秘感此禹跡存衣冠繼芳集臨流引清樽性情聊自適理亂復奚言都事謝理補侍郎謝瓌詩瞻彼阿丘神禹秘之茂蔭嘉樹清泛芳池臨流引觴衎衎以嬉俛仰千古逝者如斯又東溫散晴旭灌木浮嘉陰良辰事脩禊我友欣盍簪方池注清流可以濯煩襟一觴復一詠暢情志古今

鄉貢進士趙俶補參軍孔盛〔詩〕青陽既啟以遨以遊采蘭層阿濯纓芳流翰藻載詠羽觴載浮潔我禊事于以寫憂〔又〕暄風播曠宇欣懷托陽春盥祓寄幽暢虛襟遺世塵擷芳遵丘阿接杯沿澗濱詠歸何逍遙遐哉仰斯人〔天台僧悅白雲補任城呂系詩〕疇昔有懷陰雨翳霄尤爾居室忽焉終朝際此晴煥散豁林郊潛魚泳波遊羽鳴條又崇阿撫神秘微風扇和淳靈雨既云沐品彙區以陳蘭茗擢中沚葩萼媚芳辰散懷得真契引觴荅熙春〔前蕭山主簿朱右補餘杭令謝滕詩〕陟彼崇阿遊目遙岑川雲凌岫林木蔽陰喈喈黃鳥懷之好音亦有良朋載歌載吟〔又〕息徒坐蘭渚臨池濯清泉光風被林薄春服麗以鮮持觴撫流景鳶魚樂天淵俛仰同一慨弱亳從所宜〔師府都事王霖補王獻之詩〕濬彼源泉其流決決誰其透之以詠以觴酌此春酒以祓不祥〔又〕華髮宴餘春微風宿雲散蘭皐野氣芳桐岡日初旦羣賢集崇丘臨流水光演酌酒清湍曲俯泉嘅長嘆蕭山教諭諸綱補府曹勞怡詩〕俯挹清流遙睇崇嶺于焉遊盤寄興遐

永放同觀濠高企臨頡泠風徐來暢焉深省（又）叢木翳林薄構亭俯澗濱旭日散晴彩光風媚芳春臨流轉輕觴于以樂嘉賓詠歌意自適酣暢趣益眞茲游敦所尚庶庶足酬令辰（四明沙門僧阜補任城令呂本詩）進進春陽藹藹蘭若樂爾嘉賓以宴以遨靜觀物化散懷逍遥一觴一詠庶永終朝（又）禊飲秘圖湖天氣淑且柔傳觴際曲渚濯纓臨芳洲纖條亂風樹幽葩落晴溝衆賓亦以樂正忘塵世憂（平江儒學學正徐昭文補府主簿后綿詩）柔風扇和百卉具芳携我良儔憇于崇岡怡情詠歌激水泛觴俯仰宇内聊以徜徉（又）茲辰天氣佳駕言寫我憂衣冠盛良夜會禊俯長流川容澹疎雨樹色翳崇丘清風接千載復此逍遥遊（秘圖隱者鄭彝補山陰令虞谷詩）興懷古先仰觀元造尼嘆逝川平念芳艸暮春維和爰舒幽抱陂焉白駒嚶其黄鳥（又）夙駕税幽麓汎醴循流瀾芳莚被巖瀨葩蔓耀林端靡靡時運近斯焉撫嘖峴主欣遠賓集陶然有餘歡（前嘉興路經歷張溥補鎮國大軍椽卞廸詩）藹藹雲岡溶溶秋水集我朋儔掇茲

蘭芷千載同流流連芳軌美哉良會衎樂無已（又）茲辰暮春初散策臨泉石雲渠引微波浮觴薄前席伊人既已去古今同一適睇茲脩禊地遥岑澹空碧（東山僧福報補彭城曹謹詩）晴雲冉冉幽艸茸茸群賢咸至衎樂攸同芳葩汎灩翔羽迴風亦有旨酒可以從容（又）柔條扇微風輕波漾晴旭羣彦此委蛇鳴條集中谷列席依巖廻飛觴隨水曲緬懷古先哲庶以繼遐躅

更好亭在龍泉寺後宋高宗嘗幸寺登此望風物詫曰更好云

鹿亭在四明山梁孔祐遺跡

上虞適越亭在畫錦門外

湖心亭在西溪湖之陽久廢萬曆十二年知縣朱維

藩以復西溪湖乃構子來亭于其側
虛籟亭在縣西南八里宋村恩恭建
嵊挾溪亭在剡山頂圓超寺盡得溪山之勝旁有俯
山堂下瞰群山（宋盧天驥詩）孤亭瞰平野雙溪分兩
上天欲春溪聲野色爭趍人胸中丘壑相映發儵然
便欲乘飈輪惜無妙手王摩詰牛破鵝溪重畫出溪
山應喜得賞音畫遣烟霞供落筆我嗟霜鬢犯車塵
一凭危欄眼界清寄謝溪聲與山色他時來作箇中
人（王十朋次前韻）路入剡山腰風生玉川腋孤亭物
外高雙溪眼中碧山僧作亭去幾春賞音端的逢詩
人自從妙語發丘壑遂使絕境多歸輪我來首訪維
摩詰問訊雙溪自何出發源應與婺溪同賦物慚無
沈郎筆凭欄一洗利名塵入眼郗經客恨
新山城重重水如帶何能挽住思鄉人

翠寒亭在剡山惠安寺弘治中僧廣達建即高坡爲臺

戴溪亭在望仙門外宋知縣事姜仲開建隹水清濡芊林古渡蔚茂平遠盡入臨眺後改名興盡今復故宋王銍詩碧玉仙壺表裏清我來閒伴白雲行四山迤邐青圍野一水蜿蜒碧遶城試問春來觀秀色何如雨後聽寒聲昔人已寓烟霞外落日空含萬古情又天上東風轉斗星天涯羈客尚飄萍道途只漫經殘歲風雪那堪客旅亭春到怯添雙鬓白夜寒愁對一燈青絕憐萬古悽凉恨不計樽前一醉醒王十朋詩剡水照人碧剡山隨眼青吾來非雪興聊上戴溪亭

嵊亭在嵊山下水經注江水北逕嵊山山下有亭其

亭帶山臨江松嶺森蔚沙濃平淨道志自剡至北溪溪流湍險商客往來皆以裝束梁虞騫尋沈剡夕至嵊亭詩命楫尋嘉會信次歷山原捫天上雲亂磬石下雷奔澄潭寫度鳥空嶺應鳴猿榜歌唱將夕商子處方昏

楊黃門埭亭水經注白鹿山北湖塘上舊有亭吳黃門郎楊哀明居于弘訓里太守張景數往造焉使開瀆作埭埭之西作亭亭埭皆以楊爲名孫恩作賊從海來楊亭被燒後復脩立厥名猶在

新昌愛山亭在孟塘山宋尚書黃度建〔自爲記〕家君甫六旬盡棄人間事築室于孟塘山之陰而居之終日徜徉于羣山之中既乃作亭北岡迴眺周覽萬象偃伏蹤登臨

之要度嘗侍側家君曰何以名斯亭度對曰市朝山林出處之趣異也紛華淡泊躁止之機不同也而各求其志各樂其樂蓋有終其身不相爲也今夫往者如赴還者如拒委者如遯突者如怒方夭矯而龍騫忽軒昂而鶴舉此山之布列曼衍相爲面勢者也曒升而凝紫夕靄合而浮碧瞑欲雨而深黝晃初霽而濃鮮此山之變化翕忽異姿而同妍者也春秋耕穫旦暮薪蒭林空而弋水落而漁甡甡乎麋鹿之羣友交交乎禽鳥之鳴呼此山間之人物錯雜耳目接之而爲娱者也故自夫出而動者觀之則誠空虛寂寞何足愛者自夫入而止者觀之則山與人常莫逆也意消神融則亦不知其然而然也此愛山之意家君驩然笑曰汝知其外而不知其内知其爲可愛而不知吾之所以爲愛也泰華嵩衡名其高也塗窐陽荆名其險也若夫箕首商蒙峴峗廬桐其高可階其險可通也而其名聞于天下者以其人也思其人而愛其木而況于山乎汝試憑高而望之直東危峯中立峨然如側弁者卿山也豈非道深法師之所居乎

方其師友萬乘奔走公卿而能等朱門衡茅爲一致卒歸老于空山故吾愛其絜少南平剛隱卓交互經緯者沃洲也豈非支遁之所棲止乎雖爲浮屠氏之學而有當世之望一時名士出處不同盡從之游片言隻語皆足以垂世故吾愛其達北出坂壠支轃有如倚劍塞其衝者金庭也豈非王逸少之所出入乎識鑒精微有經世實用而不肯降志辱身故吾愛其堅又北出秀嶂端整如桓圭出于衆山之表者四明也豈非謝安石之所遊息乎蒼生喁喁以其出處爲安危而高臥空谷若將終身焉故吾愛其遠界乎東南之間層嶠叠壁如連雲如陣馬者天姥也豈非李太白所嘗登躡者乎當其文章名海內人士一見傾屬之而飄然清興形乎夢寐故吾愛其逸環吾之廬左右一舍而山之名聞者五建霞標于蒼巔凛清風于千載雖蕙帳而已空想謦欬之猶在小子其能知吾之心乎度對曰度不敏誠不足以知此家君曰爲吾誌之度再拜曰唯唯

退而書之爲愛山亭記

樓 府城内西樓舊記云在山陰縣西山陰地（唐孫逖詩）都邑西樓芳樹間逶迤霽色遶江山山月夜從公署出江雲晚對訟庭還誰知春色朝朝好二月飛花滿江艸一見湖邊楊柳風遥憶青青洛陽道

脩竹樓會稽地宋王英孫監簿所構對秦望山林德暘詩秦望諸峯入几看仙居縹緲五雲端天高地迥三千界月白峯青十一闌碧海氣侵珠佩濕明河影落玉簫寒超然身在鴻濛上何必蓬萊跨紫鸞

蕭山觀江樓在縣西十里西興渡口久廢弘治十年知縣鄒魯重建改名鎮海樓（唐司空曙九日登高詩）詩家九日憐芳菊逐客登高瞰浙江漁浦浪花搖素壁西陵樹色入秋窓檣肖向熟懸金實桑落新開瀉玉缸四子醉時爭講德

笑論黃覇治爲邦（明王論詩）蘭芷浮香淑景遲畫欄高倚看朝暾烟邊綠樹分羅刹浪裏青山是海門別崦重遊句踐國春江曲抱苧蘿村登高自喜添詩興幾度臨風倒玉樽（張景二首）獨上驛南樓憑高散旅愁江山幾陳迹天地一浮漚且復簪黃菊何須歎白頭長歌少陵句詩思滿滄洲（又）旭日動滄溟樓高曙色明烟霞千嶂合鐘鼓半空鳴天濶淮山迥雲連越樹平凭高屢回首不盡望鄉情（王守仁詩）越嶠西來此閣横隔波烟樹見吳城春江巨浪兼天湧斜日孤雲傍雨晴塵海茫茫真斷梗故人落落已殘星年來出處嗟無累相見休敎白髮生

嵊王右軍書樓在金庭山金庭觀之西北（唐裴通記谷抱山闕雲重烟密花光照夜而常晝水色含空而無底此地何事常聞異香又偶異人從古不然眞天下之絶境也是以瑯琊王右軍來家于此山書樓舊制猶在一間而四徘徊高可二丈墨池在東纔可五十步登書

樓臨墨池但見山水之異其險如崩其聳如騰其引如陟其多如朋不三四層而謂天可升〔又詩〕寂寂金庭洞清香發桂枝魚吞左慈鈎鵞踏右軍池此地長無事冲天自有期向來逢道士多欲駕文螭

巖雲樓在東曦門外舊訪戴驛之南宋嘉定八年知縣史安之建下俯清流前對疊嶂

半仙樓在望仙門外

藏書樓在縣西三十里東湖山元處士張爚建今遺址在〔黄溍詩〕木杪出飛樓仙山在上頭可能無客至少爲借書留芸艸春仍在虹光夜不收如何試乘興一棹剡中舟〔楊維禎歌〕戴顒溪上藏吾舟三十六曲鏘鳴球濯足太白雙龍湫名山要須贍沃洲沃洲之陽溪上遊著此一所張家樓卷簾爽氣天姥曉席闌秀色蓮花秋張家之樓無百尺夜夜虹光射東

壁中藏異書三十乘太史東來殊未識城中搜樓高
五城吳歌楚舞填崚嶒一錢不直兎園冊一丁不識
黄金籯樓中主人計誠左遺安遺危各在我章門奕
葉有光輝鄖塢何人徒買禍樓頭校書腹便便眼中
松楸手遺編前年燒黄光九原書中始識兒孫賢却
問墳樓金玉貯還有美人化黄土君不見魏家高樓
何足數誰復
西陵護歌舞

新昌來青樓在縣東陸家巷宋參軍呂嵥建元末劉
誠意基呂不用讀書于此

閣府城内星宿閣在卧龍山麓城隍廟西偏山陰境
也前列梅嶺諸峯遠望數十里田疇棊置鱗次星舍
星錯綠樹迷烟清流紆廻護之小舟浮水面如落葉

人行隱隱盡郡城西南之勝（明蕭鳴鳳詩）層樓敞虛孋羣峯翠堪拾獨臥春霄靜乍暝秋風入溪雲忽成雨幽竇泉聲急夢過天台巔足下星辰濕（張佳胤越中諸公招飲星宿閣詩）飛閣擁嵓嶢丹梯脩見要人占星宿聚地受海雲朝萬井憑欄得長空寓目遙江湖曾霸越封甸已歸堯指掌山陰道移尊北斗杓張筵成玳瑁高論各瓊瑤客自東南美臺堪夏暑銷淡烟催落日醉語散清霄不盡蘭亭路貪看秦望標羣公似有意雲壑擬相招

會稽智永禪師書閣在雲門寺禪師名法極閣上臨書凡三十年所退筆頭五大簏瘞之號退筆塚人來乞書如市戶限爲之穿用鐵裹之人謂之鐵門限

辯才香閣亦在雲門寺今不存辯才姓袁氏梁司空

昂之孫智永之弟子也宋齊唐雍熙寺記晉公歸老于辨才香閣是也（法書要錄云晉穆帝永和九年暮春王右軍與親友四十二人脩禊于蘭亭揮毫製序興樂而書書適遒媚勁健謂有神助醒後連日再書數十百紙終不能及右軍自珍愛之秘藏于家七傳而至智永子徽之派也舍俗爲僧居越之永欣寺以能書名其蘭亭叙則以授弟子辨才辨才寶愛此帖藏之寢室梁上置匣貯之人所罕見唐太宗酷愛二王書收真跡幾三千六百紙暇日與魏徵論二王書法徵曰右軍存日自喜者蘭亭叙今在辨才所太宗欲即收之徵曰辨才寶此過于頭目未易遽索後召至長安因作贋本以示之辨才曰右軍作此三百廿五字夢天台白雲子傳授筆訣以永字爲法深恨所藏真跡兵火之餘求之不獲帝留辨才而密遣人搜訪但得智永千文以歸後辨才託疾還山房元齡薦御史蕭翼負才藝多權謀必能稱旨翼梁元帝曾孫也太宗以命之翼曰若作公使義無得

理頗得二王雜帖三四通開行以往太宗給之翼遂易冠微服至湘潭隨客舟至越潦倒真得山東書生體每旦必入永欣寺觀畫壁過辨才院則休于門辨才見之問曰何處檀越翼答以北人寒暄才畢語意投合延入闔棊撫琴談文握槊情甚相得便留夜飲設缸面新蒭江東云缸面猶河北甕頭新醞也酒酣探韻賦詩辨才得來字詩曰初醞一缸開新知萬里來披雲同落莫步月共徘徊夜久孤琴思風長旅鴈哀非君有秘術誰照不然灰翼得招字詩曰邂逅款良宵殷勤荷勝招彌天俄若舊初地豈成遥酒蟻傾還泛心猿躁自調誰憐失羣翼常苦業風飄妍媸晷同彼此諷詠自恨相知之晚綢繆踰月翼示以乃祖手書職貢圖辨才嘆賞不已因談論翰墨翼曰先世皆傳二王楷書法自幼耽玩亦有數帖自隨辨才欣然約以明日携至如期而往熟視數過曰是則是矣非得意時書貧僧有一真迹翼曰何帖答以蘭亭翼佯笑曰數經亂離真迹豈在辨才曰先師寶惜臨終親付于吾付授有緒明旦來看翼至自梁上屜內出

之翼見故指瑕摘纇分競不定自示翼之後不更置
梁上并翼二王帖借留几閒辨才時年六十餘日臨
數過老而彌篤翼往還既密辨才偶出赴嚴遷家齋
翼來謂守房弟子曰忘淨巾在內乃爲撤關遂取蘭
亭并二王帖亟出于永安驛呼驛長凌愬告曰我是
御史奉墨勑在此可報汝都督齊善行馳至則宣示
墨勑辨才時猶在嚴遷家聞命不知所以見所謂御
史者乃翼也聞取帖驚倒仆地久始甦翼遂奉帖馳
驛以進太宗大悅擢爲員外郎賜以金縷瓶瑪瑙盌
良馬并宅以元齡舉得其人賜錦綵千端始怒辨才
慳吝不與數日後仍賜物三千段穀三千斛辨才不
敢自私施于寺建塔三級帝得帖命馮承素韓道政
等各搨數本分賜皇太子諸王近臣而一時能書如
歐虞褚諸公皆臨搨相尚貞觀二十三年太宗不豫
幸玉華宮含風殿命太子以蘭亭叙從葬昭陵矣今
馮承素等所搨之本在者一本尚直錢數萬也蕭翼
宿東院路入山西更向西雨和春雪旋成泥風吹疊
巘雲頭散月照平湖鴈影低柱杖負琴尋遠寺借童

牽鹿渡深溪今宵獨宿巖東院惟聽猿吟與鳥啼（孫逖宿雲門寺閣）香閣東山下烟花象外幽懸燈千嶂夕卷幔五湖秋畫壁餘鴻鴈紗窗宿斗牛更疑天路近夢與白雲游（李褒詩）香閣無塵雪後天（宋吳説蕭翼賺蘭亭圖跋）右圖寫人物一軸凡五輩唐右丞相閻立本筆一書生狀者唐太宗朝西臺御史蕭翼也一老僧狀者智永嫡孫會稽比丘辯才也書生意氣揚揚有自得之色老僧口張不呿有失志之態執事二人其一嘘氣止沸者其狀如生非善寫貌馳譽丹青者不能辦此上有三印其一大章漫滅難辨皆印以朱其一集賢院圖書印印以墨朱久則渝以故唐人間以墨印如王涯小章李德裕贊皇印皆印以墨此圖江南內庫所藏簽頁古玉軸猶是故物太宗皇帝初定江南以兵部外郎楊克遜知昇州時江南內府物封識如故克遜不敢啓封具以聞太宗悉以賜之此圖居第一品克遜蔡人寶此物傳五世以歸其子壻剮氏傳再世其孫榖藏之甚秘梁師成請以禮部度牒易之不與後經擾攘榖將遠適以與其同郡

人謝伋伋至建康爲郡守趙明誠所借因不歸紹興元年七月望有携此軸貨于錢塘者郡人吳說得之後見謝伋言舊有大牙籤後主親題刻其上云上品畫蕭翼籤今不存

餘姚喚仙閣在龍泉山本王安石喚取仙人來住此之句（明）趙謙詩　蒼山倚層構丹室棲神仙神仙去已遠遺跡在林泉昔賢慕遐舉何術能長年招招不可見從誰問真詮玉笙自緱嶺黃鶴留青田長林振哀籟秋艸栖殘烟蓬萊有高士延佇思悁悁冥搜發佳詠清風滿山川

中天閣在龍泉山之半取方干中天氣爽星河近之句陽明王先生守仁嘗于此聚徒講學　嘉靖乙酉公書中天閣勉諸生云雖有天下易生之物一日暴之十日寒之未有能生者也承諸君之不鄙每予來歸咸集于此以

問學爲事甚盛意也然而不能旬月之留而旬日之間又不過三四會一别之後輒復離羣索居不相見者動經年歲然則豈惟十日之寒而已乎若是而求萌蘖之暢茂條達不可得矣故予切望諸君勿以予之去留爲聚散或五六日八九日雖有俗事相妨亦須破冗一會于此務在誘掖獎勸砥礪切磋使道德仁義之規日親日近則勢利紛華之染亦日遠日疎所謂相觀而善百工居肆以成其事者也相會之時尤須虛心遜志相親相敬大抵朋友之交以相下爲益或議論未合要在從容涵育相感以誠不得動氣求勝長傲遂非務在默而成之不言而信其或矜己之長攻人之短粗心浮氣矯以沽名訐以爲直挾勝心而行憤嫉以圮族敗羣爲志則雖日講時習于此亦無益矣諸君念之念之明萬曆間舊志云自石炭壁上公自書筆法甚清勁十年前猶及見之可謂奇跡山僧不能護今已重堊字無復存矣

上虞迎山閣

嵊歸鴻閣在縣北三里黃土嶺宋治平三年建旁有
歸雲亭（王鍷詩三首）初離江渚荻生芽飛到龍荒雪
滿沙寄語不須傳信遠將軍憂國不憂家（又）
不向幽林敞畫欄夕陽空伴六朝山故人爲我留歌
與絕勝溪邊訪戴還（又）令君有意去來中白日無私
物自公回首溪山莫留
戀不隨社燕與秋鴻
隱天閣在下鹿苑寺（宋盧天驥詩）欲結愛山人共了
尋山債未有買山錢愁聞有山
賣小雨濕春風捲雲遮落日不若呼風來吹雲放山
出一眼吞萬山寸心貯千里何日上歸舟教人問春
水殘雪領春來疎鐘驚夢去
尚憶昔年愁孤舟繫江樹
堂山陰蜀山草堂在蜀山（元薩天錫詩）蜀山秀東國
翠色分峩嵋人傳西極來
萬世如龍飛根盤大江曲終古不復移之子結茅屋
開軒當翠微流水穿澗道白雲繞巖扉松葉釀我酒

吉具爲我衣山鳥或勸飲木客同吟詩造化縱
前定榮名不可期終焉忘嘉遯採藥復採芝

會稽王處士草堂（唐劉長卿王處士草堂畫衡霍諸山詩）粉壁衡霍近羣峯如可攀得令堂上客見盡湘南山青翠千古狀飛來方丈間歸雲無處滅去鳥何時還勝事日相對主人常獨閒清陰滿四壁佳氣生重關頻與夙心會看看慰愁顏

齊抗書堂在石傘峯下唐丞相齊抗所築後捨爲淨聖院（宋元厚之詩）奇峯如傘見遥青玉筍山頭地有靈三徑荒涼丞相隱一篇清絕放夫銘

蕭山江聲草堂在西興鎮（元薩天錫詩）卜居西陵下門臨大江臯江聲自朝夕豈獨喧波濤海潮作波浪山嶽俱動搖海潮有時息逝水去無極驚風吹浪花噴薄射崖壁萬籟俱澄心何必絲竹音月明歌水調驚起蛟龍吟

諸暨梁武帝讀書堂在永福寺有硯水井宋華鎮詩六龍未入雍州山會負詩書卧白雲按武帝蘭陵人而生于秣陵其讀書于暨尚未及考云

碧蓮堂在永慶院宋楊次公飛白書額三大字

餘姚養親堂虞氏家記晉右衛將軍虞潭以太夫人年高求解職詔不聽特假百日東歸起堂養母親友會集作詩言志

世友堂在燭溪湖西北雪齋孫不朋居燭湖上安貧樂道終身不願仕有古人之節三子應求應符應時皆以文學知名兄弟相愛友弃衣草食薄厚必均應

符之子崇緝先志嘉定甲戌爲新堂名曰世友合膳同室期永不替宋朱晦翁訪孫季和于燭湖待以麥飯朱賦詩葱羨麥飯兩相宜葱補丹田麥療饑莫道君家滋味薄前村尚有未曾炊葉適世友堂詩雀尋屋角飛燕遶簾櫳窺共荷新宇就生物欣有依含德厚乃祖義完嗟利隳更悲别駕公櫝韞不盡施温恭化羣從遜悌流深規一絲必同袍粒黍無異炊感零天上露潤浹園中葵魚蝌雖芳鮮不如此菜肥涼風送佳音桂林自生枝借子赤霄羽登君文石墀樸斲吁已勤礱密審所宜諒爲前峯近長映客星垂

上虞不礙雲山堂在城中宋中訓郎陳筹讀書之所戴復古詩元龍湖海士高卧百尺樓柰此一區宅乃居城市頭嵩塵撲面不容浣賴有南山慰人眼從旁買得五畝園便覺地偏心自遠溪流滾滾瀉寒玉塔影亭亭出僧屋林蘆掩映花木稠佳處亭臺三五簇

丈夫有志在四方處處春風桃李場
功名事業未入手嘗此一丘何太忙

嵊李紳書堂在龍藏寺側

接山堂在上鹿苑寺（宋盧天驥詩并序）余嘗愛晋人吏隱多在會稽而王子猷昌雪訪戴尤爲一時勝事余以捕寇過剡時方大雪初霽山流瀑漲橋斷不可行遂登鹿苑寺憑欄四顧便覺溪山來相映發豈真中令嘗日應接不暇處耶遂名堂爲接山且賦詩以紀其事詩曰故藤老欲盡新春壓未來無令隴梅覺且遣山禽催雲開古招提鐵鳳翔斗魁單車夜剥啄境淨無纖埃脩篁舞瘦蛟怒瀑生晴雷坐久談頗風吹我心霧開乃知白蓮社未下黄金臺緬思王騎曹逸韻挽不回且同謝康樂屐齒破蒼苔重遊定不恧林壑富詩材

玉峯堂在明心寺東宋慶元中翰林學士高文虎作

內有秀堂藏書寮雪廬

新昌黃氏山堂在縣南百步許宋黃庭所居中有飽山閣老山樓得心亭

軒會稽蘸碧軒在鏡湖上宋齊唐詩飛棟新成蘸碧軒會稽山脚照湖邊

諸暨琉璃軒在上省院宋楊次公詩西軒一泓水瑩淨碧琉璃天人舉目視中有魚龍知不知

上虞懷謝軒宋紹興初令張彥聲建李光詩此川開軒懷謝傅並緣談笑破符堅

齋諸暨逍遥齋在簿書内宋吳處厚撰記幷書

新昌石氏山齋（宋晏殊詩）書仙十閣壯儒宮靈越山川寶勢雄

小小齋在縣後宋孝子呂升所居又有看秋樓樓前古柏一株自宋迄今尚存呂不用有記

榭

餘姚樊榭在四明山漢樊夫人遺跡

屋

山陰青藤書屋在府東二里許（董瑒記）書屋在縣治南有巷名觀巷右卽其址正德辛巳徐山人渭生于是青藤其所手植山人生年七十有三自癸巳後經今又九十一年計兹藤爲百四十餘年物矣藤下一池方十尺池上近北横一小平橋橋梁以柱橋上覆以石臺下可爲亭額曰天漢分源背卽顏曰自在巖題臺下雙柱曰一池金玉如如化滿眼青黃色色眞背復題曰未必串閱別名教須知書戶孕江山題乘橋之柱曰砥柱中流皆自書是所謂天池也山人自譜自觀巷之宅

失考姚兄嫂王凡八遷今觀山人所傳墨蹟每以青藤天池自號他若柿葉鶡桃未之有及蓋不忘始基耳前此餘四十年暨陽陳洪綬識其處曰青藤書屋後施氏從潘氏售而有之治弗爲廬請董瑒扁曰孺子下榻處以山人嘗自號孺子也又護藤以石藤亦名薜荔山人又號漱仙又嘗以天池漱石自識則又勒于面藤之壁曰漱藤阿董瑒歌曰越王城中有名蹟種山東下怪山北憑橋社古神最靈墻西舊是山人宅山人名渭厥姓徐詩字文畫世競邀有雙白鹿獻天子前後二表皆曰俞當年作者尚粉藻史漢兒孫轉相藐有人高踞白華樓一見其文便傾倒海內于今誦二川山人品次相後先猶有隨聲拾餘慧杜詩韓集同棄捐茲藤盤屈連書屋旁有方池出亭竇山人已去色尚青柱上題詩最堪讀自古名賢不易逢青藤留得山人蹤不知輞水藍田業可許王裴賦詠重而社內東寮之壁山人于戊寅正月三日過此題云童時畫壁剝成泥圓澤投胎錦水西一念忽牽三十載竹梢寒雨覆窗低昔山人年五十八矣其低

徊窻竹如此此能無松
鱗藻影之繫思耶
兒山書屋在府東南三里倪元璐所搆有落手亭滿
聽軒延妙樓寧作我與彌勒同龕諸勝今廢
院古貢院在郡城西北隅南宋貢院故址康熙三十
三年貢生周廷翰請於布政司蔣公毓英檄山陰知
縣遲燽竪石坊表之題曰古貢院周廷翰記余世居臥龍山之陰左近
有鯉魚橋不數武又有錦鱗橋幼時嘗問里中長年
者以二橋所由名而不得也考山陰縣志知爲宋時
貢院故址歲甲戌謁方伯蔣公於紫薇官署具以白
公公爲政以興舉廢墜爲務聞余言慨然曰子曷表
之亟割俸十金爲倡檄郡邑長吏鳩工庀材建石坊
表於道曰古貢院嗟夫貢院之名歷五百年而不湮

亦慕古者所大快也按宋自崇寧乾道間學校大典
朝廷頒三舍法於天下諸州皆貢士而會稽人才輩
出後先彪炳何一不從此中搊管抽思咿唔徹夜以
期中程式則當年千百文人其流風遺緒迄今猶可
想見也癸巳夏日烏程鄭子只怡携宋本會稽前後
志示余乃得貢院之詳葢始於乾道四年太師史公
浩而丞相蔣公芾繼之至九年資政大學士錢公端
禮克成其緒嘉定十五年煥章閣待制汪公綱又加
開拓於是東南重廡爲屋數百楹衡文有廳宴止有
房謄錄糊名有舍中門外門規制屹然其弘遠若此
則自鯉魚錦鱗二橋緣河而西又北折至西如庵以
及棄地十餘畝皆貢院所有而二橋之得名非偶然
也越中古蹟若禹穴蘭亭秦碑等皆流傳失其處所
兹貢院一隅非得蔣公題識則文物聲明之地埋没
于灌莽蓬蒿誰知之者余力謀復古徘徊數十年遇
公而一慰素願則余亦厚幸矣夫公諱毓英字集公
隷籍奉天其
先諸暨人也

里會稽陽滂里在五雲門外十里六朝時名甘滂唐初賀德仁兄弟八人皆有才名有司旌之曰高陽里土人因合呼曰陽滂後訛爲洋湖今其地無賀姓者

紹興府志卷之十

古蹟志二

園　宅　墅　館　舍　居　別業　山房

義門　倉　巢　器物

園　府城内沈氏園在禹跡寺南會稽地宋時池臺絶盛齊東野語陸游放翁娶妻唐氏於其母爲姑姪琴瑟甚和而不得於其姑不得已出之則爲別館以通姑覺之竟絶改適趙士程嘗以春出遊相遇於此園唐以語趙遣致酒肴翁悵然者久之賦釵頭鳳詞題

園壁間實紹興乙亥也翁居鑑湖之三山晚歲每入
城必登寺眺望不能勝情慶元己未嘗賦二絕未久
唐氏死至紹熙壬子復有詩開禧乙丑歲暮又有夢
遊沈氏園兩絕句沈園後屬許氏又爲汪之道宅云
耆舊續聞亦載此事云其妻見壁間詞和一闋放翁
詞好事者以竹木采護之〔釵頭鳳詞〕紅酥手黃藤酒滿城春色宮墻柳東風惡
歡情薄一懷愁緒幾年離索錯錯錯春如舊人空瘦
淚痕紅浥鮫綃透桃花落閑池閣山盟雖在錦書難
託莫莫莫唐氏和有風波惡人情薄之句不盡傳〔三
絕〕夢斷香銷四十年沈園柳老不飛綿此身行作西
山土猶弔遺蹤一悵然〔又〕城上斜陽畫角哀沈園無
復舊池臺傷心橋下春波綠曾是驚鴻照影來〔又詩

有亭禹跡寺南有沈氏小園四十年前嘗題小詞一闋壁間偶復一到而園已三易主讀之悵然楓葉初丹槲葉黃河陽愁鬢怯新霜林亭感舊空回首泉路憑誰說斷腸壞壁醉題塵漠漠斷雲幽夢事茫茫年來妄念消除盡回向蒲團一炷香〔又夢遊沈園兩絕句〕路近城南近怕行沈家園裏更傷情香穿客袖梅花在綠蘸寺橋春水生〔又〕城南小陌又逢春只見梅花不見人玉骨久成泉下土墨痕猶鎖壁間塵

山陰小隱園在府城西南鏡湖中侯山上四面皆水宋皇祐中太守楊紘始與賓從往遊而愜焉問其主王氏山何名對曰有之非佳名也亭有名否則謝不敢乃使以其圖來悉與之名山曰小隱之山堂曰小隱之堂池曰琵琶之池命其亭曰勝奕亭曰忘歸亭

日湖光亭曰翠麓亭又有探幽徑擷芳徑挹蘿磴百花頂山之外有鑑中亭倒影亭皆楊公所自命名而通判軍州事錢公輔又爲刻石記之後且百年浸廢弗理陸少師宰嘗得之以爲別墅作賦歸堂六友堂遐觀堂秀發軒放龜臺蠏侵亭明秀亭挂瀨亭撫松亭有盧贊元襄周秀實芭題詩最傳于世（明）王埜詩楊公眞吏隱政暇即湖山亭榭臨流起雲蘿陟磴攀一朝辭郡去千古惜春閑遊客興懐處西風鬢易斑

會稽齊氏家園在府城東少微山山甚小而近湖齊祖之分司東歸遂家焉引流爲沼蒔花爲圃山之上

下有芳華亭脩竹巖眞珠泉石室嘉遯亭樵風亭禹穴閣應星亭東山亭釣閣盡湖山登覽之勝其自爲家山十詠陶寫景物語尤閒遠嘉泰志云巳廢惟釣閣故基畧可識今山麓巨石上微存亭柱跡（唐自爲詩）直當山面開三徑平截波心種綠楊

呂園在府城東南二十里有梅萬餘株花時雪色可愛芳香聞數里居人以梅爲生業唐陳諫石傘峯序齊公舊居西偏呂元之精舍則作元而齊唐集又作呂源未知孰是（宋毛平仲詩）欲雪晝時携酒去無人知處待花開

蕭山許詢園在北幹山下一云在蕭山舊志云詢嘗登永興縣西山築室其上蕭然自放乃號其岫爲蕭山咸和六年園與山陰宅俱捨爲寺園之寺名崇化又許君里在城內清風坊劉眞長曰清風明月輒思元度〔詢詩〕蕭條北幹園〔宋徐天祐詩〕高棲不受鶴書招北幹家園久寂寥明月空懷入姓許故山猶自岫名蕭

上虞始寧園在東山下謝靈運所棲止也宋書本傳靈運出爲永嘉太守稱疾去職父祖葬始寧有故宅及墅遂脩營別業傍山帶江盡幽居之美與隱士王

弘之孔淳之等縱放爲娱有終焉之志

謝靈運山居賦古巢居穴處曰巖棲棟宇居山曰山居在林野曰丘園在郊郭曰城旁四者不同可以理推言心也黃屋實不殊於汾陽卽事也山居良有異乎市廛抱疾就閑順從性情敢率所樂而以作賦楊子雲云詩人之賦麗以則文體宜兼以成其美今作賦旣非京都宮觀遊獵聲色之盛而叙山野艸木水食穀稼之事才乏昔人心放俗外詠于文則可勉而就之求麗邈以遠矣覽者廢張左之豔詞尋臺皓之深意去飾取素儻値其心耳意實言表而書不盡遺跡索意託之有賞其辭曰謝子臥疾山頂覽古人遺書與其意合悠然而笑曰夫道可重故物爲輕理宜存故事斯忘古今不能革質文咸其常合宮非縉雲之館衢室豈放勛之堂邁深心于鼎湖送高情于汾陽嗟文成之却粒願追松以遠遊嘉陶朱之鼓棹乃語種以免憂判身名之有辨權榮素其無留孰如牽犬之路旣寡聽鶴之塗何由哉若夫巢穴以風露貽患則大壯以棟宇袪弊宮

室以瑤璇致美則白賁以丘園殊世惟上託于巖壑幸兼善而罔滯雖非市朝而寒暑均和雖是築構而飾樸兩逝昔仲長顧言流水高山應璩作書邙阜洛川勢有偏側地闕周員銅陵之奧卓氏充鈲槻之端金谷之麗石子致徽音之觀徒形域之薈蔚惜事異于栖盤至若鳳叢二臺雲夢青丘漳渠淇園橘林長洲雖千乘之珍苑孰嘉遯之所遊且山川之未備亦何議于兼求覽明達之撫運乘機緘而理默指歲暮而歸休詠宏徽于刋勤狹三間之喪江矜望諸之去國選自然之神麗盡高棲之意得仰前哲之遺訓俯性情之所便奉微軀以宴息保自事以乘閑愧班生之夙悟慙尚子之晚研年與疾而偕來志乘拙而俱旋謝平生于知遊棲清曠于山川其居也左湖右江往渚還汀面山背阜東阻西傾抱含吸吐欵跨紆縈緜聯邪亘側直齊平近東則上田下湖西谿南谷石埭石滂閔硎黃竹決飛泉于百仞森高薄于千麓寫長源于遠江派深毖于近瀆近南則會以雙流縈以三洲表裏回還離合山川崿崩飛于東峭槃、傍薄于西阡拂青林而激波揮白沙而生漣近西則楊賓稜峯唐皇連縱室壁帶谿會孤臨江竹緣圃以被綠石照澗而映紅月隱山而成陰木鳴柯以起風近北則二巫結湖兩智通沼橫石判晝休周分表引脩堤之逶迤吐泉流之浩漾山磯下而圓澤瀨石上而開道遠東則天台桐栢方石太平二韭四明五奧三菁表神異于緯牒驗感應于慶靈湲石橋之莓苔越楢谿之紆縈遠南則松箴棲鷄唐嵫漫石崪嶸對嶺嵲孟分隔入極浦而邅迴迷不知其所適上嶔崎而蒙籠下深沉而澹激遠西則

遠北則長江永歸巨海延納岷瀵緬曠島嶼綢沓山縱橫以布護水廻沆而縈浥信荒極之綿眇究風波之睽合徒觀其南術之

生巘　成衍　岸測深相渚知淺洪濤滿則會石没清瀾滅則沈沙顯及風興濤作水勢奔壯于歲春秋在月朔望湯湯驚波滔滔駭浪電激雷崩飛流灑漾凌絕壁而起岑橫中流而連薄始迸轉而騰天

終倒底而見壑此楚貳心醉于吳客河靈懷慙于海若爾其舊居曩宅今園□枌槿尚援基井具存曲術周乎前後直陌矗其東西豈伊臨溪而傍沼乃抱阜而帶山考封域之靈異實茲境之最然葺駢梁于巖麓棲孤棟于江源敞南戶以對遠嶺闢東窓以矚近田田連岡而盈疇嶺枕水而通阡阡陌縱橫睠埒交經導渠引流脈散溝并蔚蔚豐秋茲茲香秔送夏早秀迎秋晚成兼有陵陸麻麥粟菽候時覘節遞藝遞熟供粒食與鼠飲謝工商與衡牧生何待于多資理取足于滿腹自園之田自田之湖泛濫川上緬邈水區濬潭澗而窈窕除菰洲之紆餘毖溫泉于春流馳寒波而秋徂風生浪于蘭渚日倒景于椒塗飛漸榭于中沚取水月之歡娛且延陰而物清夕棲芬而氣敷顧清交之永絕覲雲客之暫如水草則萍藻薀菼雚蒲芹蓀蒹菰蘋蘩蕝荇菱蓮雖備物之偕美獨芙蕖之華鮮播綠葉之鬱茂含紅敷之繽翻怨清香之難留矜盛容之易闌必充給而後搴豈蕙艸之空殘卒抑舷之逸曲感江南之哀嘆秦箏倡而溯遊往

塘上奏而舊愛還本州所載山澤不一靈楓是別和緩是悉參核六根五華九實二冬並稱而殊性三建異形而同出水香送秋而擢蒨林藹近雪而揚荷卷栢萬代而不殞茯苓千歲而方知映紅蕋于綠帶茂素莖于紫枝既往年而增靈亦驅妖而斥疵其竹則二箭殊葉四苦齊味水石別谷巨細各彙既脩竦而便娟亦蕭森而蓊蔚露夕沾而悽唫風朝振而清氣捎乁雲以拂杪臨磨澤而挺翠茂上林與淇澳驗東南之所遺企山陽之游踐遲鸞鷖之棲託憶崑園之悲調慨伶倫之哀龠衞女行而思歸詠楚客放而防露作其木則松栢檀櫟□桐楡櫪柹穀楝楸梓橿樗剛柔性異貞脆質殊卑高沃瘠各隨所如幹合抱以隱岑杪千仞而排虛凌岡上而喬竦蔭澗下而扶藾沿長谷以傾柯攢積石以插衢華映水而增光氣結風而回敷當巖勁而蔥倩承和煦而芬腴送墜葉于秋晏遲含蕚于春初植物既載動類亦繁飛沫騁透窦可根源觀貌相音儛列山川寒燠順節隨宜非敦魚則鱴鱧鮒鱮鱒鯇鰱鯿魴鮪魦鱖鱛鯉鯔鱣輯

采雜色錦爛雲鮮唼藻戲浪汎荇、流淵或鼓鰓而湔
躍或掉尾而波旋鱸鯊乘時以入浦鱤鰋沿瀨以出
泉鳥則鶡鴻鵝鶂鶖鶩鴇樢鷄鸛繡質鶴鸐綬章晨
鳧朝集時鶉山梁海鳥違風朔禽避涼黃生歸北霜
降來南接響雲漢侶宿江潭聆清哇以下聽戴王子
而上參薄回涉以弁翰映明鏊而自琥山上則猨彈
貍貛豻獀獛猕山下則熊羆豹虎獂鹿麚麖獝飛技
于窮崖踔空絕于深硎棲谷底而長嘯攀木杪而哀
鳴繒綸不投罝羅不披磻弋靡用蹄筌誰施鑑虎狠
之有仁傷遂欲之無崖顧弱齡而涉道悟好生之咸
宜率所由以及物諒不遠之在斯撫鷗鯈而悅豫杜
機心于林池敬承聖誥恭窺前經山野耶曠聚落無
罹啟大慈之弘誓拯羣物之淪傾豈寓地而空言必
有貸以善成欽鹿野之華苑羨靈鷲之名山企堅固
之貞林希菴羅之芳園雖粹容之緬邈謂哀音之恒
存建招提于幽峯冀振錫之息肩廣鐙王之贈席想
香積之惠餐事在[illegible]而思通理匪絕而可溫爰初經
畧杖策孤征入澗水涉登嶺山行陵頂不息窮泉不

停櫛風沐雨犯露乘星研其淺思罄其短規非龜非
筮擇良選奇巔榛開逕尋石覓崖四山周回雙流逶
迤面南嶺建經臺倚北阜築講堂傍危峯立禪室臨
浚流列僧房對百年之喬木納萬代之芬芳抱終古
之泉源美膏液之清長謝麗塔于郊郭殊世間于城
旁欣見素以抱樸果甘露于道塲苦節之僧明發懷
抱事絕人徒心通世表是遊是憩倚石構艸寒暑有
移至業莫矯觀三世以其夢撫六度以取道乘恬知
以寂泊含和理之窈窕指東山以冥期實西方之潛
兆雖一日以千載猶恨相遇之不早賤物重己棄世
希靈駭彼促年愛是長生冀浮丘之誘接望安期之
招迎甘松桂之苦味叟皮褐以顇形羡蟬蛻之匪日
撫雲霓其若驚陵名山而屢憩過巖室而披情雖未
階下至道且緬絕于世纓指松菌而與言良不齊于
殤彭山作水役不以一牧資待各徒隨節競逐陟嶺
刊木除榛伐竹抽筍自篁擿箬于谷揚勝所梏秋冬
藨蕘野有蔓艸獵涉蘡薁亦醞山清介爾景福苦以
木成甘以擣熟慕椹高林剝芨巖椒掘蒨陽崖擿檞

唫標晝見搴茅宵見索綯芟菰剪蒲以薦以茭旣坭
旣奠品收不一其灰其炭咸各有律六月採蜜八月
樸栗備物爲繁略載靡悉若乃東北兩居水通陸阻
觀風瞻雲方知厥所南山則夾渠二毘周嶺三苑九
泉別澗五谷異巘羣峯參差出其間連岫複陸成其
坂衆流溉灌以環近諸堤擁栁以接遠遠堤兼陌近
流開湍淩阜泛波水往步還還回往匯柱渚員巒呈
美表趣奚可勝單抗北頂以葺館殿南峯以啓軒羅
會崖于戶裏列鏡瀾于窻前因丹霞以頳楣附碧雲
以翠椽視奔星之俯馳顧[illegible]之未牽鶡鴻翻翥而
莫及何但鷩雀之翩翾氿泉旁出潺湲于東檐桀壁
對跱硿礲于西霤脩竹葳蕤以翳薈灌木森沉以蒙
茂蘿蔓延以攀援花芬薰而媚秀日月投光于柯間
風露披清于嵔岫夏涼寒燠隨時取適階基回互橑
檽乘隔此焉卜寢翫水弄石邇卽回眺終歲罔斁傷
美物之遂化怨浮齡之如借眇遯逸于人羣長寄心
于雲霓因以小湖鄰于其隈衆流所湊萬泉所回氿
濫異形首毖終肥別有山水路邈緬歸求歸其路乃

界北山棧道傾斷蹬閣連卷復有水逕繚繞回圓瀰
瀰平湖泓泓澄淵孤岸竦秀長洲芊綿既瞻既眺曠
矣悠然及其二川合流異源同口赴隘入險俱會山
首瀨排沙以積丘峰倚渚以起阜石傾瀾而捎巖木
映枝而結藪逕南澗以橫前轉北崖而掩後隱叢灌
以悉晨暮託星宿以知左右山川澗石州岸艸木既
標異于前章亦列同于後牘山匪砠而是岵川有清
而無濁石傍林而插巖泉協澗而下谷淵轉渚而散
芳岸靡沙而映竹草迎冬而結葩樹凌霜而振綠向
陽則在寒而納煦面陰則當暑而含雪連岡則積嶺
以隱嶙舉峯則羣竦以巘嶭浮泉飛流以寫空沈波
潛溢于洞穴凡此皆異所而咸善殊節而俱悅春秋
有待朝夕須資既耕以飯亦桑貿衣藝菜當肴採藥
救頹身外何事順性靡違法音晨聽放生夕歸研書
賞理敷文奏懷凡厥意謂揚較以揮且列于言誠特
此推北山二園南山三苑百果備列乍近乍遠羅行
布株迎早候晚猗蔚溪澗森疏崖巘杏壇㮏園橘林
栗圃桃李多品梨棗殊所枇杷林檎帶谷映渚椹梅

流芬于回巒稗柿被實于長浦畦町所藝含藥藉芳蓼莪蔓薺葑菲蘊薑綠葵眷節以懷露白薤感時而負霜寒葱標倩以陵陰春藿吐茗以近陽弱質難恒頹齡易喪撫髩生悲視顏自傷承清府之有術冀在衰之可壯尋名山之奇藥越靈波而憩轅採石上之地黃摘竹下之天門撫曾嶺之細辛拔幽澗之溪蓀訪鍾乳于洞穴訊丹陽于紅泉安居二時冬夏三月遠僧有來近衆無闕法鼓朗響頌偈清發散華霏蕤流香飛越析曠劫之微言說像法之遺旨乘此心之一豪濟彼生之萬理啟善趣于南倡歸清暢于北機非獨愿于予情諒僉感于君子山中兮清寂群紛兮自絕周聽兮匪多得理兮俱悅寒風兮騷屑面陽兮常熱炎光兮隆熾對陰兮霜雪愒曾臺兮陟雲根坐澗下兮越風穴在玆城而諧賞傳古今之不滅好生之篤以我而觀懼命之盡吝景之催分一往之仁心拔萬族之險難招驚魂于殆化收危形于濟闌漾水性于江流吸雲物于天端覩騰翰之頡頏視鼓鰓之往還馳騁者儻能狂愈猜害者或可理攀哲人不存

懷抱誰質糟粕猶在啓縢剖袠見柱下之經二覿濠上之篇一承未散之全樸救巳頹于道術嗟夫六藝以宣聖教九流以判賢徒國史以載前紀家傳以申世模篇章以陳美刺論難以覈有無兵技醫日龜筴筮夢之法風角冢宅算數律曆之書或平生之所流覽並于今而棄諸驗前識之喪道抱一德而不渝伊昔齠齔實愛斯文援紙握管會性通神詩以言志賦以敷陳箴銘誄頌咸各有倫爰暨山棲彌歷年紀幸多暇日自求諸巳研精靜慮貞觀厥美懷新成章含笑奏理若乃秉㩁持之告許養達之篇畏絕迹之不遠懼行地之多艱均上皇之自昔悲下衰之在旃投吾心于高人落賓名于聖賢廣滅景于崆峒許遁音于箕山愚假駒以表谷涓隱巖以搴芳[illegible]萊庇蒙以織畚皓棲商而頤志卿寢茂而敷詞[illegible]鄭別谷而才逃築去霸而之會[illegible]高居唐而胥宇臺依崖而穴堆咸自得而窮年恥貞思于所遺暨其窈窕幽深寂寞虛遠事與情乖理與形反既耳目之

靡端豈足跡之所踐蘊終古于三季俟通明于五服
權近慮以停筆抑淺知而絕簡過始寧墅詩束髮懷
耿介逐物遂推遷違志信如昨二紀及兹年緇磷謝
清曠疲薾慙貞堅拙疾相倚薄還得靜者便剖竹守
滄海枉帆過此山山行窮登頓水涉盡洄沿巖峭樹
稠疊洲縈樹連綿白雲抱幽石綠篠媚清漣葺宇臨
回江築觀基層巔揮手告鄉曲三載期歸旋且爲樹
枌檟無令孤願言齋中讀書昔予遊京華未嘗廢丘
壑矧乃歸山川心跡雙寂寞虛館絕諍訟空庭來鳥
雀臥疾豐暇豫翰墨時間作懷抱觀古今寢食展戲
謔既笑沮溺苦又哂子雲閣執戟亦以疲耕稼豈云
樂萬事難並歡達生幸可託田南樹園激流植楥樵
隱俱在山由來事不同不同非一事養痾丘園中園
中屏氛雜清曠招遠風卜室倚北阜啓扉面南江激
澗代汲井插槿當列墉羣木既羅戶衆山亦當窻靡
依趨下田迢遞瞰高峯寡欲不期勞即事罕人功惟
開蔣生逕永懷求羊蹤賞心不可忘妙善冀皆同還
舊園作見顏范二中書辭滿豈多秩謝病不待年偶

與張邴合久欲還東山聖靈昔迴眷微尚不及宣何意衝飈激烈火縱炎烟焚玉發崑峯餘燎遂見遷投沙理旣迫如邛願亦愆長與親愛別永絕平生緣浮舟千仞壑總轡萬尋巔流沫不足險石林豈爲艱閩中安可處日夜念歸旋事躓兩如直心愜三避賢託身青雲上棲巖挹飛泉盛明盪氛昏貞休康屯邅殊方咸成貸微物豫采甄感深操不固質弱易板纆曾是反昔園語往實款然曩基卽先築故池不更穿果木有舊行壤石無遠延雖非休憩地聊取永日閑衛生自有經息陰謝所牽夫子照情素探懷授往篇

新昌涉趣園宋石茂誠所營中有虛心菴棲息軒雙清閣可疑軒松洞桃洞殿春徑散金徑

王家園在長潭宋丞相王綸建中有沂春亭蒼雪觀答春堂閑遠樓石板街松化石

宅府城内許元度宅今大能仁寺是晉許詢父旼從元帝過江遷會稽内史因居焉詢隱居不仕召爲戟議郎不就咸和六年捨宅爲寺又嵊孝嘉鄉亦有詢宅舊記云元度愛剡中山水之勝自蕭山徙居焉

唐少卿宅在新河坊少卿名翊宋宣和中爲鴻臚少卿遷守楚泗台三洲未嘗家食前後門雖具未嘗開守舍者自側户出入少卿長子闓爲鄭州通判代還一術士善相宅至少卿宅夜登屋臥視云此宅前開門則出兩府後開門則出臺諫而所歷者非本宗後

建炎四年高宗駐蹕於越凡空第皆給百官寓止禮部尚書謝任伯寓此宅拜參知政事中使宣召開前門赴都堂治事上虞丞婁寅亮與唐爲姻家暫假投檢奏封章乞立嗣中旨除監察御史開後門詣臺供職其言皆驗

王奇宅在府東南權木巷以上隸山陰

陳大夫宅在府東南四五里許今禮遜坊竹園巷之間漢大中大夫陳囂未貴時與紀伯爲隣伯竊囂藩地以自益囂見之不言益徙地與之伯慙懼亦歸所

侵地其中乃爲大路鴻嘉二年太守周君刻石表曰義里長簷路至今鄉人猶謂之長簷街宅蓋有大竹園劉宋永徽中建寺號竹園寺宋華鎮詩鄰里相歎起美談通衢高柳碧鬖鬖至今風俗輕虞芮目擊岐周始自慙

郭驃騎宅在府東四里許晉郭偉所居今禹跡寺是

江護軍宅在都賜里今名都泗陳江總脩心賦云晉護軍將軍虨昔莅此邦卜居山陰都賜里貽厥子孫有終焉之志寺域則宅之舊基左江右湖面山背壑東西連跨南北紆縈聊與苦節名僧同銷日用曉脩

經戒夕覽圖書寢處風雲憑棲亦月總即虎之裔孫也又一在山陰境寰宇記云郭北有江橋即虎所居之地今江橋乃在城內俗亦指爲虎居

張志和宅唐張志和居江湖自稱烟波釣徒又號元眞子兄鶴齡爲築室越州東郭茨以生草椽棟不加斤斧大曆中觀察使陳少游往見爲終日留表其居曰元眞坊以門隘爲拓地號圓軒巷初門阻流水又爲建橋曰大夫橋志和漁父詞西塞山前白鷺飛桃花流水鱖魚肥青箬笠綠簑衣斜風細雨不須歸又釣臺漁父褐爲裘兩兩三三舴艋舟能縱棹慣乘流長江白浪不曾憂又霅溪灣裏釣

魚翁舴艋爲家西復東江上雪浦邊風笑著荷衣不
歎窮(又)松江蟹舍主人歡菰飯蓴羹亦共餐梧葉落
荻花乾醉宿漁舟不覺寒(又)青艸湖中月正圓巴陵
漁父棹歌連釣車子撅頭船樂在風波不用仙(又)詩
八月九月蘆花飛南溪老人垂釣歸秋山入簾翠滴
滴野艇倚檻雲依依却把漁竿尋小徑閑梳鶴髮對
斜暉翻嫌四皓曾多事出爲儲皇定是非(宋黃庭堅
鷓鴣天詞)西塞山邊白鷺飛桃花流水鱖魚肥朝廷
尚覓元眞子何處如今更有詩青篛笠綠簑衣斜風
細雨不須歸人間欲避風波險一日風波十二時(庭
堅自序)李如箎云元眞子漁父詞以鷓鴣天歌之極
入律但少數句因以元眞子遺事足之元眞子當憲
宗時畫像訪之江湖不得因令集其詩歌上之元眞
子兄松齡懼其放浪而不返和其漁父云樂在風波
釣是閑草堂松桂巳勝攀太湖水洞庭山狂風浪起
且須還此余續成之意(宋高宗和漁父詞并序)紹興
元年七月十日余至會稽因覽黃庭堅所書張志和
漁父詞十五首戲同其韻賜辛永宗(其一)一湖春水

夜來生幾疊春山遠更橫烟艇小釣絲輕贏得閒中萬古名(其二)薄晚烟林淡翠微江邊秋月已明輝縱遠枇適天機水底開雲片段飛(其三)雲灑清江江上船一錢何得買江天催短棹泛長川魚蠏來傾酒舍烟(其四)青艸開時已過船錦鱗躍處波痕圓竹葉酒柳花氈有意沙鷗伴我眠(其五)扁舟小纜荻花風四合青山暝靄中明細火倚孤松但願尊中酒不空(其六)儂家活計豈能名萬頃波心月影清傾綠酒摻尊羹保任衣中一物靈(其七)駭浪吞舟脫巨鱏結繩爲網也難任綸乍放餌初沉淺釣纖鱗味更深(其八)魚信還催花信開光風得得爲誰來舒柳眼落梅腮浪暖桃花夜轉雷(其九)暮暮朝朝冬復春高居駟馬趂朝身金柱屋粟盈囷那如江漢獨醒人(其十)遠水無涯山有鄰相看歲晚更成親笛裏月酒中身舉頭無我一般人(其十一)誰云漁父是愚翁一葉浮家萬慮空輕破浪細迎風睡起篷窗日正中(其十二)水涵微雨湛虛明小笠輕簑未要晴明鑑裏縠紋生白鷺飛來空外聲(其十三)無數菰蒲間藕花棹歌輕舉酌流

霞隨處好轉山斜也有孤村三兩家（其十四）春入渭陽花氣多春歸時節自清和衡甃霧弄滄波載輿俱歸又若何（其十五）青灣幽鳥任盤紆一舸橫斜得自如惟有此吏無居從教紅袖泣煎魚

趙宗萬宅在照水坊左瞰平湖前挹秦望（宗萬詩）斗懸金印心難動屏列春山眼暫開　以上隸會稽

山陰孔車騎宅在府城西南三里晉孔愉初以討華軼功封餘不亭侯授車騎將軍及爲會稽三年嘗山陰湖南山下數畝地爲宅草屋數間便棄官居之山初無名以愉來居名侯山

施肩吾宅（宋陳堯佐詩）幽居正想餐霞客夜久月寒珠露滴千年獨鶴兩三聲飛下巖前一株

栢

陸放翁宅宋寶謨閣待制陸游所居在三山地名西村（游自著居室記）陸子治室于所居堂之北其南北二十有八尺東西十有七尺東西北皆爲窓窓皆設簾障視晦明寒燠爲舒卷啓閉之節南爲大門西南爲小門冬則析堂與室爲二而通其小門以爲奧室夏則合爲一而闢大門以受凉風歲暮必易腐瓦補鏬隙以避霜露之氣朝晡飲食豐約惟其力少飽則止不必盡器休息取調節氣血不必成寐讀書取暢適性靈不必終卷衣加損視氣候或一日屢變行不過數十步意倦則止雖有所期處亦不復問客至或見或不能見間與人論說古事或共杯酒倦則亟舍而起四方書疏畧不復遣有來者或亟報或守累日不能報皆適逢其會無貴賤親戚之間足跡不至城市者率累年少不治生事舊食奉祠之禄以自給秩滿因不復敢請縮衣節食而巳又二年遂請老法

當得分司祿亦置不復言舍後及旁皆有隙地蒔花百餘本當敷榮時或至其下徜徉坐起亦或零落已盡終不一往有疾亦不汲汲近藥石久多自平家世無年自曾大父以降三世皆不越一甲子今獨幸及七十有六耳目手足未廢可謂過其分矣然自計平昔以方外養生之說初無所聞意者日用亦或默與養生者合故悉自書之將質于山林有道之士云（又）詩八首（老寄孤村裏悠然臥曲肱筭貧先放鶴嫌俗并疎僧古戍高秋笛寒窓半夜燈平生羞詭遇多獲豈無能（又）吾廬雖小亦佳哉新作柴門斷綠苔拄杖每闌歸鶴入釣船時帶夕陽來墟烟隔水霏霏合籬菊淩霜續續開千里佳期那可得笑呼鄰父共傳杯（又）天氣晴和脩禊後土風淳古結繩前村村陂足分秧水戶戶門通入郭船亭障盜消常息鼓坊場酒賤不論錢行人爭看山翁醉醉枕槐根臥道邊（又）莫笑農家臘酒渾豐年留客足雞豚山重水複疑無路柳暗花明又一村簫鼓追隨村社近衣冠簡樸古風存從今若許閒乘月拄杖無時夜叩門（又）臘月風和意

巴春時因散步過吾隣草烟漠漠柴門裏牛跡重重野水濱多病所須惟藥物差科未動是閒人今朝佛粥更相饋更覺江村節物新（又）俠氣崢嶸蓋九州一生常恥爲身謀酒寧剩欠尋常債劍不虛施細碎讐岐路凋零白羽箭風霜破敝黑貂裘陽狂自是英豪事村市歸來醉跨牛（又）數家茅屋自成村地碓聲中晝掩門寒日欲沉蒼霧合人間隨處有桃源（又）不識如何喚作愁東阡西陌且閒遊兒童共道先生醉折得黃花插滿頭

會稽鄭太尉宅漢鄭弘所居在若耶溪側

何驃騎宅在府城東南七十里晉何充嘗爲會稽內史居于此後捨爲福慶寺

謝敷宅在五雲門外一里所或云在雲門寺東與何

僧宅相近（唐僧靈一詩）春山子敬宅古木謝敷家（明吳騏詩）陡覺雲林勝市朝熱中心事已冰消不爲少室山人起可待淮南隱士招三徑午陰松下榻一灣春水柳邊橋丈夫出處何須問畢竟名涂鹿覆蕉

何子平宅在東土鄉劉宋何子平仕爲海虞令有孝行

何中令宅在秦望山下齊何胤仕至中書令後棄官入會稽卜築于若耶山雲門寺胤二兄求點並棲遁世號何氏三高梁武帝踐祚詔爲特進不起有勑給白衣尚書祿固辭又勑山陰庫錢月給五萬不受乃

勑何子朗孔壽等六人於東山受學亂以若耶處勢逼隘不容學徒遂遷秦望山山有飛泉乃起學舍即林成園因巖爲堵內營學舍又爲小閣寢處其中躬自啓閉僮僕無得至者别有室在若耶山山發洪水漂拔樹木亂室獨存時衡陽王元簡領會稽郡事令鍾嶸作瑞室頌以美之辭甚典麗

孔尚書宅在府城東南三十里地名尚書塢宋蕭鈞傳孔稚珪家起園列植桐柳多營山泉殆窮真趣又本傳稚珪不樂世務居宅盛營山水憑几獨酌旁無

雜事門庭之内草萊不翦

張慮宅在若耶山慮不知何許人梁時爲楊州刺史起于若耶與于若耶終于若耶有妻及一犬皆以節義爲時所異

賀監宅在五雲門外一名道士莊唐賀知章以秘書監請爲道士還鄉里詔許之以宅爲千秋觀後改天長觀宋郡守史浩建懷賀亭鑑湖一曲亭又于觀前築賜榮園内有幽襟逸興醒心迎棹四亭又築長堤十里夾道皆種番楊芙蓉有橋曰春波橋跨絕湖面

春和秋爽花光林影左右映帶風景尤勝眞與越中清

絕處也

唐元宗送別詩遺榮期入道辭老竟抽簪豈不惜賢達其如高尚心寰中得秘要方外散幽襟獨有青門餞羣僚悵別深（知章詩）少小離鄉老大回鄉音無改鬢毛衰兒童相見不相識笑問客從何處來（李白詩）狂客歸四明山陰道上迎敕賜鑑湖水爲君臺沼榮人亡餘故宅空有荷花生念此杳如夢悽然傷我情（又）久辭榮祿遂初衣曾向長生說息機眞訣自從茅氏得恩波寧阻洞庭歸瑤臺含霧星辰滿仙嶠浮空島嶼微借問欲棲珠樹鶴何年却向帝城飛（又）鏡湖流水漾清波狂客歸舟逸興多山陰道士如相見應寫黃庭換白鵞（姚鵠詩）若非堯運及垂衣肯許巢由脫俗機太液始同黃鶴下仙鄉已駕白雲歸還披舊褐辭金闕却捲元珠向翠微羈束慙無仙藥分隨君空有夢魂飛（朱放詩）已得歸鄉里逍遙一外臣那隨流水去不待鏡湖春雪裏登山屐林間灑酒巾空留道士觀誰是學仙人（王灣同賀監林

月清酌詩）華月當秋滿朝軒假興同淨林新霽入窺院小涼通碎影行筵裏採花落酒中清宵照愁意併此助文雄

徐季海宅在五雲橋東嘉泰志云髣髴有遺趾存溪山奇麗過者屬目

嚴長史宅在東鑑湖唐嚴維所居有園林甚著名于時大曆中鄭槩裴冕等與維聯句賦詩凡六人維嘗爲長史今地名長史村（維夏日納涼詩）山陰過野客鏡裏接仙郎盥漱臨寒水褰幃入夏堂杉松交日影枕簟上湖光滾滾承嘉話清風納晚涼（謝諸公宿鏡水宅詩）幸免低頭向府中貴將藜藿與君同陽鴈叫霜來枕上寒山映月在湖中詩書何德名夫子草木推年長數公聞道漢家偏長

少此身那比訪芝翁（又酬王侍御過）柳塘薰晝日花春
溢春渠若不嫌雞黍先令掃敝廬（酬耿湋）檐扉當自
靜驛吏忽傳呼水巷驚馴鳥藜牀起病軀顧身悲欲
老戒子力爲儒明日公西去烟霞復作徒（又詩）家貧
惟種竹時幸故人看（又）落木秦山近衡門鏡水通（又
園林六言）秋策山橫綠野乘舟水入衡門（皇甫冉秋
夜宿嚴維宅詩）昔聞元度宅門向會稽峯君住東湖
下清風繼舊踪秋深臨水月夜半隔山鐘世故多離
別良宵詎可逢（耿湋詩）許詢清論重寂寞住山陰野
路疲寒寺閉門當古林海田秋熟早湖水夜漁深世
上窮通理誰人奈此心（劉長卿宿嚴維宅送包佶詩）
江湖同避地分手自依依盡室今爲客經冬空念歸
歲儲無別墅寒服羨鄰機草色村橋晚蟬聲江樹稀
夜涼宜共醉時難昔相違何事衡陽侶汀洲忽背飛

秦隱君宅唐秦系所居在若耶溪上（系春日閑居詩
三首）一似桃源隱將令過客迷礙冠門柳長驚夢院鶯啼澆藥泉流
細圍棋日影低舉家無外事共愛艸萋萋（又）長謠朝

復暝幽獨幾人知老鶴兼雛弄叢篁帶笋移白雲將
袖拂青鏡出簷窺邀取漁家叟花間把酒巵（又）寂寂
滮亭裏軒窗間綠苔遊魚牽荇潑戲馬桃花催小穉
僧尋去高峯鹿下來中年曾屢辟多病復遲廻（贈張
正則）終年常避喧師事五千言流水閑過院春風與
閉門山容邀上客桂實落華軒莫强教余起微官不
足論（晚秋拾遺朱放訪山居）不逐時人後終年獨閑
闢家中貧自樂石上卧常閒墜栗添新味殘花帶老
顏侍臣當獻納那得到空山（將移耶溪舊居留贈嚴
維）雞犬漁舟裏長謠任與行那邀落日醉已被遠山
迎書展將非重荷衣着甚輕謝生無個事忽起爲蒼
生（徐侍郎素未相識携酒饌兼諸詩客同訪山居）忽
道仙翁至幽人學拜迎華簪窺甕牖珍味代藜羹洗
硯魚仍戲移尊鳥不驚蘭亭攀叙𨚫會此越中營（任
張宙員外書期訪衡門）常恨相知晚朝來枉數行卧
雲嬉聖代拂石候仙郎時果連枝熟春醪滿甕香貧
家仍有趣山色滿湖光崔大夫有書相問）客在烟霞
裏閑閑遂狎鷗終年常裸足連日半蓬頭帶月乘魚

簷迎寒縱鹿裘巳于人事少多被掛冠留素業推千卷清風至一丘倉皇倒藜杖傴僂覩銀鈎跡麗巢由隱才非管樂倚從來自多病不是傲王侯（耶溪書懷寄劉長卿時在睦州）時人多笑樂幽棲晚起閒行獨杖藜雲色卷舒前後嶺藥苗新舊兩三畦偶逢野果將呼子屢折荆釵亦爲妻擬共釣竿長往復嚴陵灘上勝耶溪（在皇甫温大夫書見招）十年木屐步苔痕石上松閒水自喧三辟草堂曾被褐數行書札忽臨門臥多共惜稽康病才劣虛同郭隗尊亞相已能憐潦倒山花笑處莫啼猿（寄錢起苗發二員外）空山歲計是壺麻窮海無梁泛一槎稚子唯能覺梨栗逸妻相共老烟霞明吟麗句驚巢鶴閒閉春風看落花借問省中何水部今人幾箇屬詩家（鮑防員外見尋書情呈贈）少小爲儒不自强如今懶復見侯王學鏡巳知身漸老買山將作計偏長荒涼鳥獸同三逕撩亂琴書共一床猶有郎官來問疾時人莫道我佯狂（寄浙東皇甫中丞）閑閑麋鹿或相隨一兩年來鬢欲衰琴硯共依春酒甕雲霞覆著破柴籬注書不向時流

說種藥空令道士知久帶紗巾仍藉草山中那得見朝儀（贈諸暨卅丘明府）荷衣半破帶莎苔笑向陶潛酒甕開縱醉還須上山去白雲那肯下山來

蕭山江文通宅在縣東北一百三十步後捨爲覺苑寺今人猶謂之江寺南有夢筆橋

荷擔僧宅在來蘇鄉

厲大資宅在許賢鄉

諸暨范蠡宅在長山側今爲翠峯寺山後有陶朱井（唐張蠙詩）一變姓名離百越越城猶在范家無他人不見扁舟意却笑輕生泛五湖（宋范仲淹詩）翠峯高與白雲閒吾祖曾居山水間千載家風應未墜子孫還解愛青山（元吳萊詩）淡淡寒雲鶴影邊荒阡故宅

忽千年大夫已賜平吳劍西子還隨去越船白石撑
空留罔象青松落井化蜿蜒從攀此地無章甫只解
區區學
計然

餘姚虞國宅在江之南其北正直龍泉山國漢日南
太守舊志云宅今爲百官倉即雙鴈送國歸處初號
西虞以兄零陵太守光居縣東稱東虞也

黄昌宅在黄橋南昌漢大司農縣志云居近學宫

上虞孟嘗宅在縣南二十三步有孟宅橋嘗漢合浦
太守又東一里有還珠門取珠還合浦之義

謝太傅宅在東山晉書本傳謝安寓居會稽與王羲

之及高陽許詢桑門支遁遊處出則漁弋山水入則言詠屬文晉陽秋謝安石家于上虞縣優游山林六七年後人謂即國慶院址是有東西二眺亭洗屐池薔薇洞白雲明月二堂遺跡

謝車騎宅水經注浦陽江自嶀山東北逕太康湖車騎將軍謝元田居所在右濵長江左傍連山平陵脩通澄湖遠鏡于江曲起樓樓悉是桐梓森聳可愛居人號爲桐亭樓樓兩面臨江盡升眺之趣蘆人漁子汎濫湍瀨湖中築路東出趣山路甚平直山中有三

精舍高甍凌雲垂簷帶空俯眺平烟杳然在下水陸寧晏足爲避地之鄉矣

嵊王右軍宅在金庭山羲之既去官與東土人士盡山水之遊弋釣爲娛後捨讀書樓爲觀即金庭觀觀之東廡有右軍像及墨沼鵞池在焉

（羲之誓墓文）維永和十一年三月癸卯朔九日辛亥小子羲之敢告二尊之靈羲之不天夙遭閔凶不蒙過庭之訓母兄鞠育得漸庶幾遂因人之槩國寵榮進無忠孝之節退違推賢之義每仰詠老氏周任之誡常恐斯亡無日憂及宗祀豈在微身而已是用寤寐永歎若墜深谷止足之分定之于今謹以今月吉辰肆筵設席稽顙歸誠告誓先靈自今之後敢踰此心貪冒苟進是有無尊之心而不子也子而不子天地所不覆載名教所不得容信

誓之誠有
如皎日

戴安道宅在桃源鄉鄉有戴村村多戴姓者世說郄超每聞欲高尚隱退者輒爲辦百萬資并爲造立居宇在剡爲戴公起宅甚精整戴始往舊居與所親書曰近至剡如官舍

戴逵閒遊贊并序

神人在上輔其天理知溟海之禽不以樊籠服養櫟散之質不以斧斤致用故能樹之于廣莫栖之于江湖載之以大猷覆之以元風使夫淳朴之心靜一之性咸得就山澤樂閒曠箕嶺之下始有閒遊之人焉降及黃綺逮于臺尚莫不有以保其太和肆其天眞者也且夫巖嶺高則雲霞之氣鮮林藪深則簫瑟之音清其可以濯元瑩素全其浩然者舍是焉取故雖援世之彥翼教之傑效舞雩以發詠聞乘桴而懍厲況乎道乖方內體絕風塵理揖長謝歌鳳逡巡溢

八疵于元流澄雲崖而順神者哉然如山林之客非徒逃人患避争門諒所以翼順資和滌除機心容養淳淑而自適者爾凡物莫不以適爲得以足爲至彼閒遊者奚往而不適奚待而不足故蔭映巖流之際偃息琴書之側寄心松竹取樂魚鳥則澹泊之願于是畢矣然奇趣難均元契罕遇終古皆孤栖于一巖獨就于一流苟有情而未忘有感而無對則輟斤寢絃之嘆固以幽結于林中縣感于退心爲日久矣我故遂求方外之美畧舉養和之具爲雜賛八首暢其所託始欣閒遊之遐逸終感嘉契之難會以廣一往之咏以抒幽人之心云爾賛曰蕊蕊草昧綿邈元世三極未鼓天人無際萬器既判靈朴是斲定有神幸忘懷司契寘外旁通潛感莫滯總順巢高兼應夔惠緬矣遐心超哉絶步顧揖百王仰怡泰素矜其天眞外其囂務詳觀羣品馳神萬慮誰能高映悠然一悟

阮肇宅在縣南十里即今阮公廟（宋王十朋詩）再入山中去烟霞鎖翠

微故鄉遺宅在何日更來歸

墅餘姚虞國墅在羅壁山孔曄記漢虞國墅襟帶溪山表裏疇苑洛陽人來云巖囿大勢具體金谷郗太宰遍遊諸境棲情此地每至良辰携子遊憩後以司空臨郡遂卜居之（宋華鎮詩）山列翠屏圍碧落水流鳴筲繞平田郗家池館蘿蕪沒金谷形容自宛然

賀墅在雲樓鄉晉賀循所居（宋岑全詩）荒村車馬驚鸞鶴散騎茅堂見杜蘭冰玉自甘山水味漫勞甲第賜長安

上虞顧墅梁顧歡授學之處

館府城內北館書苑王右軍爲會稽守子敬出戲見北館新塗土壁白淨可愛取掃帚沾泥汁中書壁爲方丈字晻曖斐亹極有好勢觀者成市

南華山館在府城南門外唐彪記康熙辛亥年

天子允大司成之請以國子生稀命每縣選年少俊才以寔之明年王子督學使者劉以棘闈延期不得遍歷稽郡于科試越稽時檄他郡之士就越校試應天子之命時蘭谿與試者三十五人予時亦在其列會予弟驤爲山陰令高公登先之門人先在越中予至即偕余晉謁次日高公設一筵以饋予予命弟驤增五筵以飲同試者于是呼船載酒尋芳選勝而至南華館中徘徊瞻眺左行右步三十五人無不心醉神怡樂不忍去夫天下之園亭衆矣寬大者未必能整齊整齊者未必能曲折曲折者未必能精工精工

者未必能離合變化而無不自然若南華節則兼有之間其造之者爲誰則曰張太史元忭也其二子則坴臣也其素封也可知然亦難其不惜費耳凡一亭一池一軒一閣一徑一欄一石一卉安置失宜必數易之模製不佳必數易之琢磨未工必數易之易凡數四必極其工極其嘉極其宜而後止吾意神霄碧落閬苑瀛州宜無過此者自斯巳後余身雖在蘭且歲歲神遊其地雖然吾烏知天下事有成者必敗而佳境恒爲造物者忌不克久留于人世也康熙二十二年余承銓司鐸會稽至則即欲與遊以炎暑正驕不適所願屢以問人則曰不足遊矣余言其妄則曰勿以吾言僞也至則當自知之秋七月將盡急與成子錫文往遊乃信人言不謬而世事之變遷無定正如浮雲倏忽誠足嘆也將昔之諸美畢備者果如故乎而大不然矣推頹而零落者往往而是泥塗而炭畫者往往而是嘉樹之斧斤而伐嘉卉之盜竊而去者又無不往往而是嗚呼不十二年而瞬息改移若此將天下事其復可問乎爲之三復流涕喟然嘆曰

今而後身外之物皆空作如是觀

會稽石簣山館在府城東南二十里曹山之中太史陶望齡讀書處

餘姚日門館在太平山梁杜京産寓館也（陶弘景碑吳郡杜徵君構宇太平之東結架菁山之北爰以幽奇別就基址棲集有道多歷歲年

上虞凝虛館

嵊太平館南史褚伯玉居剡中齊高帝詔吳會二郡以禮迎遣辭病歸乃敕于剡西白山立太平館居之孔稚珪從其受道爲于館側立碑宋書伯玉隱身求

志居剡縣瀑布上常處一樓卒葬樓前今西白山有瀑布泉

府城內五雲梅舍會稽地宋林景熙記越城爲浙左雄八山四水在焉城之東曰五雲門去城東南三十里曰五雲村五雲佳色往往徵瑞王自晉爲江左著氏越十年益蕃以碩宋淳祐景定間依光日月仕爲顯官今臥龍府治之西其故第也會陵谷始各治別第于東南隅避喧居焉告院梅山君郎其居累土爲山種梅百本與喬松脩篁爲歲寒友傲兀冰雪幹旋陽和踈影弄波澹香浮月至若春芳敷腴爭紅競紫則已飄然謝事如姬公明農疏傳辭祿邈不可攀綠陰滿庭纍纍青子可以升廊廟調鼎鼐下視桃李輩直輿儓耳明初伯仲武跡前美復爲堂而構之扁曰五雲書舍予曰城中數萬戶魚鱗相比皆舍也而舍于梅爲清夫人容膝之外非甚俗者亦或蒔花植木以供燕娛囿有依梅

而含也而梅于五雲爲瑞沂公王公賦梅詩云雪中未問和羹事先向百花頭上開魏國韓公廬傳第一太史奏月下五色雲見其後二公皆賢宰輔梅無情雲無心也而徵于二公况兼而有之乎梅同雲同又安知他日宰輔之事無與同哉王氏之與未艾也

居嵊王翁信舊居（唐皇甫冉送王翁信還剡中舊居詩）海岸耕殘雲溪沙釣夕陽家中何所有春草漸看長

別業府城内王右軍別業今戒珠寺是也山陰地舊經云羲之別業有養鵞池洗硯池題扇橋存焉今寺有右軍祠（宋王十朋詩）欲吊右軍千載魂祠堂荊棘斷碑存老僧相見話遺事問我蘭亭幾世孫（朱熹詩）因山盛啟浮屠舍遺像仍留内史祠筆塚近因爲俗塚墨池今已化蓮池書樓觀在人隨遠蘭

蘭亭存世幾移數紙黃庭
誰不重退之猶笑博鵞時

山陰朱山人別業（唐劉長卿送朱山人越州賊退後歸山陰別業詩）越州初罷戰江上送歸橈南渡無來客西陵自落潮空城垂故柳舊業廢春苗閭里相逢少鶯花共寂寥

嵊王公別業（唐皇甫冉送王緒還剡中別業）不見開山去何時到剡中已聞成樹木更道長兒童籬落雲常聚村虛水自通朝朝憶元度非是對清風

（山房）餘姚石田山房在四明山祠宇觀旁元毛道士永貞所築其下磈磈磈磈衡亘縱合畦町萬狀無非石也菖蒲河車芝草蒼耳隨采而足故曰石田同時薛穀夫樂其幽勝亦同隱焉（元黃縉贈石田鍊師）石田外史舟山住如此溪

山得此人高詠久無皮襲美清風復見謝遺塵門前飛瀑長翻雪洞口幽花淺駐春老我京華歸訪隱抱琴安得日相親〔留若沖詩〕道人化居白水洞洞口有田供鑿耕鎡錤不用辛苦少玉石自分烹鍊精拾薪澗底客共煑化羊嶺上仙俱成夜深無扃日月到坐聽九霄笙鶴聲〔薛毅夫詩〕數畝依山宅一區喜存磽确勝膏腴近因辟穀懷黄石也復耕烟種白榆玉氣潤多山水秀松雲飄盡鶴巢孤會當脫屣從師去乞取青檽顆顆珠

〔義門〕會稽平水雲門之間有裘氏義門自齊梁以來七百餘年無異爨宋大中祥符四年用州奏旌其門閭是時裘氏義居已十有九世闔門三百口其族長曰承詢至嘉泰初又五六世蓋二十四五世矣猶如

故鄉人謂嘗有饋瓜者族長集小兒十三歲以下者百餘人使自取之各相推遜以長幼持去其習爲廉遜如此于時猶共一廳尙頗宏壯有孫威敏公題字存焉其後族老季光以所藏今昔留題詩刻石傳惇作序至元末始毀于兵而族亦漸陵替矣嘉泰志云所謂旌表門閭者唐以來有廳事步欄前列屛樹烏頭正門閥閱一丈二尺烏頭二柱端冐以瓦桶築雙闕一丈在烏頭之南三丈七尺夾植槐柳十有五步五代多故不能如故事晉天福中乃勅度地之宜高

其外門門施綽楔左右築臺高一丈二尺廣狹方正稱焉圬以日而赤其四角裘氏蓋用此制自平水適雲門者望其旌表在道旁數十步（宋李光詩）夫何于會稽卓然有裘氏同居六百年相聚三千指昔賢欽義方列奏聞天子詔恩保門閭光華映閭里

自裘氏旌表之後六十七年而上虞劉承詔繼之

皇清康熙戊午東筦余裘孔武承父隆道志重建義門召宗人居焉與虞敬道之子相友善故力贊成之耳

（倉）會稽王大令筆倉在五雲山顯聖寺後今爲眢井

（巢）山陰書巢宋陸游讀書處也（自爲記）陸子既老且病猶不置讀書名其

室曰書巢客有問曰鵲巢于木巢之遠人者燕巢于梁巢之襲人者鳳之巢人瑞之梟之巢人覆之雀不能巢或奪燕巢巢之暴者也鳩不能巢伺鵲育雛而去則居其巢巢之拙者也上古有有巢氏是爲未有宮室之巢堯民之病水者上而爲巢是爲避害之巢前世大山窮谷中有學道之士棲木若巢是爲隱居之巢近時飲家者流或登木杪酣醉叫呼則又爲狂士之巢今子幸有屋以居牖戶墻垣猶之比屋也而謂之巢何耶陸子曰子之辭辯矣顧未入吾室吾室之內或棲于櫝或陳于前或枕藉于床俯仰四顧無非書者吾飲食起居疾痛呻吟悲憂憤歎未嘗不與書俱賓客不至妻子不覿而風雨雷雹之變有不知也間有意欲起而亂書圍之如積高枝或至不得行則輙自笑曰此非吾所謂巢者耶乃引客就觀之客始不能入既入又不能出乃亦大笑曰信乎其似巢也客去陸子嘆曰天下之事聞者不如見者知之爲詳見者不如居者知之爲盡吾儕未造大道之堂奧自藩籬之外而妄議之可乎因書以自警嘉泰志云

越藏書有三家曰左丞陸氏尚書石氏進士諸葛氏中興秘府始建嘗于陸氏就傳其書而諸葛氏在紹興初頗有獻焉可以知其所蓄之富矣陸氏書特全于放翁家嘗宦兩川出陝不載一物盡買蜀書以歸其編目日益鉅諸葛氏以其書入四明子孫猶能保之而石氏當尚書亡恙時書無一不有又嘗纂集前代古器爲圖記亦無一不具其後頗弗克守而從子大理正邦哲盡以金求得之于是爲博古堂博古之所有衆矣其冥搜遠取抑終身不厭者後復散出而諸孫提轄文思院繼曾稍加訪尋間亦獲焉三家圖籍其二氏嘗更廢遷而至今最盛者惟陸氏又荆國王文公從孫厚之自臨川來暨陽今爲直寶文閣平生澹泊無他好獨好聚金石刻又特精鑒故所得尤多自三代彝鼎款識秦漢以降碑篆銘碣縣崖斷壁趙字紀績收刓補缺整緝漶滅皆大備于所著復齋金石錄家世有右軍蠒紙建安帖尤所寶惜嘗以自隨

會稽鵲巢唐時有僧棲止秦望山長松上號鵲巢和尚白居易問師住處危險師曰太守地位危險尤甚

宋徐天祐詩分得南飛鵲一枝長松頂上結趺時世間何處無平地若比長松更是危

器物

元珪相傳禹物也匱藏之色黑如鷖徑五寸厚寸餘肉好相倍上下有郢州將常封鑰

白璧一道四蕃志宋孝武使任延脩禹廟土中得白璧三十餘枚意是禹時萬國所執梁初治廟穿得碎珪及璧百餘片

古珪青玉印寰宇記宋武帝脩禹廟得古珪梁初又

得青玉印

禹珪璋璧佩宋紹興二十七年禹廟殿前土中一夕忽光熖爍人即其處劚之去土面財三二尺得珪二璋璧各一珮三觀者多疑非古物或謂後世以奉神者其說近似乾道五年官命置籍圖其形使道士守之

禹劍宋時在禹祠殿世相傳禹之所服寸刃出於鞘外瑩無繡澁而堅不可拔〈宋孫覿詩〉水劍還難問梅梁亦可疑〈錢宗詩〉塵埃共鑽梅梁在星斗仍分劍獨存

丘寶劍一純鈎二湛盧三勝邪四魚腸五巨闕越絕書句踐有寶劍五聞於天下

石船石帆鐵履鐵屐郡國志塗山有石船長一丈云禹所乘者十道四蕃志聖姑從海中乘石舟張石帆至此遂立廟廟中有石船船側掘得鐵履一量寰宇記宋元嘉中有人於石船側掘得鐵履一雙會稽記東海聖姑乘石船張石帆至二物見在廟中蓋江北禹廟也

玉笥漢武帝時民以旱蝗祈玉笥山因置觀既構殿

少中梁忽一夕雷風大作明旦霽乃天降白玉梁一於殿上光彩瑩目因號玉梁觀後魏武遣使取之未至觀九里午時雷霆裂殿梁化爲黄龍乘雲去

御史牀寰宇記在州東四里虞翻爲吳長沙桓王禮待特設此牀以表賢客翻生吳至御史舊經五官省相傳有虞翻牀（梁元帝元覽賦）御史之牀猶在都護之門不脩牀今不存

黄閣銅漏舊經黄閣有銅漏古制甚精王羲之書陸機漏賦鐫刻於上歷代以爲寶今不復存

漏鼎漏壺漏盤漏權漏鉦宋建炎中太守翟汝文製

各有銘其子大宗正丞者年作鼎篆筆力奇古

雷鼓輿地志句踐應門之上有大鼓名之爲雷鼓以威於龍也寰宇記吳作蛇門有蛇象而龍角漢書王尊傳毋持布鼓過雷門注雷門會稽城門也有大鼓越擊此鼓聲聞洛陽湘洲記前陵山有大石鼓云昔神鶴飛入會稽雷門中鼓因大鳴十道志雷門上有大鼓圍二丈八尺聲聞百里孫恩之亂軍人砍破有雙鶴飛出後不鳴晉書亦載之舊經門去城百餘步後改爲五雲門〔唐詩〕雲門會化鶴〔宋王十朋詩〕吳越興亡事若何譙門遺蹟枕山河大聲

曾作雷霆震應笑人間布鼓多〔明王文轅詩〕東方有
奇器音響一何賁殷殷南山側霆霆奮雷門隨風揚
遠道千里安足云憶翀雙飛鶴曠世不再聞故爲人
所美今爲人所論太息古夔聖相逢及黄昏一鼓驚
絕世再鼓聲聞君三鼓起視夜玉衡囬乾坤初倡清
廟瑟變宫三避尊徘徊升九歌妙曲盈十分擊不舞
百獸此調傷不存此調寧足惜知音
諒難羣但恐别君久終棄如浮雲

會稽徵命鐘晉書郭璞傳元帝爲瑯琊王使璞筮遇
豫之睽璞曰會稽當出鐘以告成功上有勒銘應在
人家井泥中得之繇辭所謂作樂崇德殷薦之上帝
者也及帝即位太興初會稽剡縣人果於井中得一
鐘長七寸二分口徑四寸半上有古文奇書十八字

云會稽徵命餘字將人莫識璞曰盖王者之作必有靈符塞天人之心與神物合契然後可以言受命矣觀五鐸啟號於晉陵棧鐘告成於會稽瑞不失類出皆以方豈不偉哉

于闐鐘在會稽靈嘉寺今福慶寺是也唐竇庠于闐鐘歌送靈徹上人歸越序云靈嘉寺鐘按越中記此鐘本于闐國寺鐘因風雨失鐘所在有天竺僧過于闐識此鐘于越靈嘉寺至今鎖在寺樓詩海中有國傾神功烹金化成九乳鐘精氣激射聲冲融護持海底諸魚龍聲有感神無方連天雲水無津梁不知飛在靈嘉寺一國之人皆若狂東南之美天下傳瓌文萬狀無雕鐫有靈飛動不敢懸鎖在危樓五百年有時清秋日正中繁霜滿地天無風一聲洞徹八音盡萬籟悄然星

漢空徒言凡質千鈞重一夫之力能振動大鳴小鳴須在君不擊不叩終不聞高僧訪古稽山曲絡日賞之言不足手提文鋒百鍊成恐剃此鐘無一聲

驅山鐸唐人於越溪獲鐸以問僧一行答云此秦始皇驅山鐸也

椽笛蔡邕避難江南宿於柯亭之館以竹爲椽邕仰盼之曰良竹也取以爲笛音聲獨絕歷代傳之文士傳云是東第十六根伏滔長笛賦桓子野吹長笛即此世說蔡伯喈睹睞笛椽孫典公聽妓振且擺折王右軍聞大嗔曰三祖壽樂器虺尾叧孫家兒打折

李舟笛國史補李舟好事甞得村舍烟竹截爲笛堅如鐵石以遺李謩謩吹笛天下第一逸史謩開元中吹笛第一部近代無比者故自教坊請假至越州公私更醼以觀其妙時州客舉進士者十人皆有資業乃醵二千文同會鏡湖欲邀李生湖上吹之想其風韻尤敬如神以費多人少遂相約各召一客會中有一人以日晚方記得不遑他請其鄰居有獨孤生者年老久處田野人事不知茅屋數間甞呼爲獨孤丈至是遂以應命到會所澄波萬頃景物皆奇李生拂

笛漸移舟於湖心時輕雲蒙籠微風拂浪波瀾陡起李生捧笛其聲始發之後昏曀齊開水木森然髣髴如有鬼神之來坐客皆更贊詠之以爲鈞天之樂不如也獨孤生乃無一言會者皆怒李生爲輕已意甚忿之良久又靜思作一曲更加妙絕無不賞駭獨孤生又無言鄰居召至者甚慚悔白於衆曰獨孤村樂幽處城郭稀至音樂之類率所不通會客同誚責之獨孤生不答但微笑而已李生曰公如是是輕薄爲復是好手獨孤生乃徐曰公安知僕不會也坐客皆

爲李生改容謝之獨孤曰公試吹凉州至曲終獨孤生曰公亦甚能妙然聲調雜番樂得無有龜茲之侶乎李生大駭起拜曰丈人神絕某亦不自知本師實龜茲人也又曰第十三疊誤入水調足下知之乎李生曰某頑蒙實不覺獨孤生乃取吹之李生更有一笛拂拭以進獨孤視之曰此都不堪取執者粗通耳乃換之曰此至入破必裂得無恡惜否李生曰不敢遂吹聲發入雲四座震慄李生蹙踖不敢動至第十三疊揭示謬誤之處敬伏將拜及入破笛遂敗裂不

復終曲李生再拜衆皆帖息乃散明旦李生并會客皆往候之至則唯茅舍尚存獨孤生不見矣越人知者皆訪之竟不知其所去

戴安道琴琴箋安道一琴琴比常製長一尺

顧歡琴歡隱剡山齊高帝徵進元綱優詔稱善賜素琴麈尾

古銅罍輿地志句踐所藏晉太元中謝輶爲郡守掘郡廳柱下深八尺得古銅罍可容數斗題作越王字文甚分明是今隸書餘不可識輶以爲范蠡厭勝之

術遂埋之今不識其處

古錞于寰宇記聖姑廟又有周時樂器名錞于銅爲之形似鐘而有頸映水用芒莖拂之則鳴

金罍晉太康中上虞鑿井得之云是魏伯陽遺物井在今天慶觀東廡

翠壺嵊舊志冊甲戌冬剡丁發諸荒墟不知何代也壺範簡古鮮花黛綠銅性空入手輕甚銘黛澤含靈苔花含蹟金性積蛻土膏輟餌

許承瓢眞誥上虞吳曇拔得許承一瓢贈褚伯玉伯

王亡後留付弟子朱僧標歷代寶之可受一斛唐先天二年敕女道士王妙行詣金庭觀投龍因持此瓢還長安

神女墨漢王朗爲會稽太守其子肅隨在郡任東齋中夜有女子從地中出自稱越王女與肅語盡夕將曉辭别贈墨一丸是時肅方注周易多有疑滯旦用此墨便覺才思開敏

秦系硯系註老子穴山石爲硯

玉硯宋時嵊開元鄉民斸土值硯色下巖也渾璞溲

甌受墨處獨低中窪而處唐以前物也上有銘可讀

銘玉在深山有道則見山耶石耶陵谷幾變

嗚呼此玉不晦不炫不以知貴不以棄賤

八角石硯宋剡丁發硯於破塚外有羲畫內鑿禹海

赴手輕爽石性已空入土老也銘二火一刀研與人俱高甲乙丙丁硯與數不逃石之饕志之勞文之騷人之豪

古端硯與時製不同元大德中嵊靈慶寺僧於破墻

底得之下方濶五寸上有三角有金紅點如星宿光

動底有十八圓點具五色直透上面好墨研之流動

後至元庚辰廉訪使賓宗茂索去有銘字古難認

二大洗刻錄吳莊漁人得之歸章氏遺余銘則作銘者高似孫也【銘】金兮精火兮明土兮英水兮清器兮貞人兮聲

三足洗周樞得之清化【銘】尚古維人範模有智伊谷可陵厥用罔暨

重華石吳越錢氏時浚舜井得又有金銀器古錢琥珀水晶瑪瑙珠等雜物共三十四件詳錢鏐舜井記

桫花石道人馬自然登仙桫化爲石今在董會元宅

唐琦石唐將軍擊琶八石也在旌忠廟

古塼宋乾道中上皐耕者得古塼有文曰五鳳元年三月造以獻府牧洪适适命鐫爲硯置案間意甚愛

之淳熙中三山陸氏鑿渠得古塼有文曰永安五年七月四日造又一塼曰太康十年七月造蓋吳及西晉物也藏陸氏

塘石新昌城內有半畝塘朱晦菴詩云半畝方塘一鑑開天光雲影共徘徊問渠那得清如許爲有源頭活水來即此塘也今爲呂曾楫別業名醉園豫章劉錫爵記之康熙五年重九日園石旁有紅菊舊本花開如金色獨叢觀者咸以爲花瑞或曰石瑞

紹興府志卷之十終

紹興府志卷之十一

物産志

穀　蔬　果　花　木　草　竹　藥　鳥

獸　魚　介屬　蟲　貨　器

〔穀〕早稻六月即熟　紫戶甲背微紫粒細　朝齊俗謂之老丫烏　麤稈　細稈　細珠　早白黏越人謂告爲黏

晚白黏　料水白歲遇甚潦輒能長出水上　餘杭白粒圓而白俗傳種自餘杭來　稚蒙粒麤而黏最

短　烏噺來實類餘杭白而色稍青　鵞脚黃　葉下藏穗低而葉昂　健脚青熟時莖挺而色猶青　宜興白種自宜興來　以上俱秔類宜炊

粳糯　青稈糯　水鮮糯八月早熟　羊鬚　胭脂糯　早黃黏　黃殼糯　紅黏糯其芒赤糯之佳者

以上俱秫類宜釀稻之種甚多不能盡識嘉泰志列有五十六種詢之農家間或茫然今所錄悉據山會新志八邑大約相同雖不盡亦無幾矣

秫粟　糯粟　木粟稈尖幾徑寸苗如蘆高丈餘粒比粟殊大皮黑性黏

稷越人謂之穄粟或云蘆穄黍稷二種越中不甚藝山邊人間藝之亦間有藝木粟數稈於園中者然亦不以具粢神農氏高黍下稻職方氏揚州其地宜稻是也

大麥秋種立夏前熟　晚大麥穗長而子多與小麥齊熟　六稜麥　中早麥　紅黏穤麥堪作酒　以上俱大麥

小麥小滿前熟　早白麥　松蒲麥芒禿如松房

𪍑麥穗如大麥　以上俱小麥

蕎麥三稜而赤七月種九月熟然畏霜得霜則枯浙東藝麥晚或刈蕎而種麥

烏豆　白豆　青豆　褐豆　赤豆　菉豆　茶菉豆　赤小豆　白小豆　豌豆　七日豆一名毛豆　三收豆黑豆之小者一歲三熟　白穞豆其黑者曰白眼豆又名鵲豆紫花者曰紫眼豆莢長而尖者曰羊角豆皆一種連莢可蒸食　羅漢豆蠶月熟又名蠶豆　虎爪豆粒斑而大九月熟　刀豆莢長幾尺而厚形似刀醬食之佳　江豆莢長尺餘最長而歉俗呼裙帶豆莢短者曰短江豆四五月熟俱可連莢蒸食

菰米彫壺也嘉泰志其根生臺曰菰菜吳中菰米爲多會稽菰菜亦富而米絕少

蔬　蕺昔越君所嗜府城蕺山以此名本草蔓生莖紫赤色葉似蕎麥而肥關中謂之菹菜今人多不食然諺云豐年嫌我臭荒年賴我救

油菜其子可打油春二三月食其心最美俗謂之菜汞汞水銀也凡草大率多汞故曰汞貢而上鉛泓而下　白菜　青菜　芥菜　甜菜有冬夏二種　苦菜　萵苣菜　波稜菜　薺　薹　芹一名水英產

白馬山者最美　莧有紅白紫三色紅者名馬齒莧本草葉間有水銀　茼蒿

萊菔即蘿蔔又一種紅者名紅蘿蔔

越瓜本草云生越中陳藏器云越瓜大老色正白越人當果食之述異記吳桓王時會稽有五色瓜　王瓜　青瓜　絲瓜　冬瓜　南瓜種自吳中來易繁大如冬冬瓜而圓

茄又名落蘇　水茄亦名銀茄形如鷄卵云是新羅種

瓠四月熟至六月不食　葫蘆

蓴葉如荇菜而紫莖大幾如箸葉底莖外天生一層明如水晶柔滑可羹合鯽魚食之佳晉陸機詣王武子前置數斛酪王曰江東何以敵此陸云有千里蓴羹但未下鹽豉耳蕭山湘湖之蓴特珍柔滑而腴方春時采蓴小舟滿湖中　荇　茭白嘉泰志云今謂之茭首蓋茭心生臺至秋如小兒臂其白如藕而軟美異常亦每年移根濯洗極潔種之則無黑脉經年不種則黑脉生矣本草名菰首蕭山新志曰種於田者

佳 茨菰

蔓青或云即萊菔非然也自別一種相傳劉綱夫婦植於龍泉山移他所輒不榮列仙傳綱婦飛昇屬綱以萊熟爲期即龍泉山之蔓青云宋朱翌詩天上佳招飛鸞鸞人間春色到蔓青

僊人萊春夏雷雨驟作俄産白水山崖石立采可得移時亡種

芋有水陸二種 薯蕷

筍越中産最多四時不絶貓筍箭筍花筍三品佳冬

月取猫筍萌土中者曰潭筍尤爲土產之最京師甚
尚之

蕨越山谷間多有土人不知食金衢人來者毎採食
之味似蔞蒿其根爲粉可當麵食

菌呂氏春秋菜之美者越路之菌　木耳

石耳生四明山絕壁少微山亦有　石芥亦產四明
山

葱　韭　蒜　薤　薑　荽

果楊梅嘉泰志出項里何塔六峯塘裏其最佳者曰

官長梅色深紫香味俱絕曰綠梅有紋隆隆如綫色尤紫實大而核小亦可亞官長梅也越人多漬以糖或鹽爲案酒方楊梅盛出時好事者多以小舫往遊因置酒舟中楊梅與樽罍相間足爲奇觀婦女以簪髻上丹實綠葉繁麗可愛又以雀眼竹筐盛貯爲遺道路相望識者以爲唐人所稱茘枝筐不過如此今則餘姚之燭溪湖者最佳次則蕭山郡城絕少嘗以夏至後熟熟時盛事猶昔獨婦人鮮以簪髻者其佳者俗呼爲茘枝楊梅早熟者味酸曰旱酸越中果此

爲品第一〔明孫文恪陞詩〕萬壑楊梅絢紫霞蜀湖佳品更堪誇自從名繫金閨籍每歲貢時不在家

橘述異記越多橘園越人歲稅謂之樣橘戶亦曰橘籍今非其舊餘姚産謝氏園者謂之謝橘小而甘最佳〔唐杜荀鶴送人遊越詩〕有園皆種橘無水不生蓮〔宋梅聖俞送馬廷評知餘姚詩〕曉日魚蝦市新霜橘柚橘

柚列子吳越有木曰櫾碧實皮青實丹而味酸爾雅音義櫾亦作柚　柑　橙味酸秖可糖漬食之又有甜者曰甜橙〔宋梅聖俞詩〕越虀橙熟久楚飯稻春初　香圓似柚而大如升其皮以糖焙極薄片曰香圓丁最香脆

金橘　金柑

梅嘉泰志越州昌源梅最盛實大而美四五月之間梅欲黄落則水潤土溽礎壁皆汗蒸鬱成雨其霏如霧謂之梅雨沾衣服皆敗黦故自江以南三月雨謂之迎梅五月雨謂之送梅轉淮而北則否梅至北方多變而成杏故北人多有不識梅者地氣使然也越中又有映水梅其實甚美而頰紅消梅其實脆而無滓其始傳於花涇李氏或謂之李家梅

桃　夏白桃　秋桃　方桃　匾桃　上原金桃

十月桃　會山旱緋桃　蕭山水蜜桃　諸暨烏石鷹觜桃　餘姚半斤桃

杏嘉泰志越人謂鴨脚子爲杏而謂杏爲杏梅

李嘉泰志會稽有蠟李　麥熟李　迎瓜李　白淡李　紫末李　皺李　諸暨井亭李　餘姚粉翠李　茄李其實類茄七月後熟　寶慶續志剡溪者頗見稱

柰漢武內傳會稽有果名㮈亦柰屬也其佳品曰馬面㮈

林禽與柰絶相似但差小王右軍帖中所謂來禽也北人謂之沙果吳越時有錢仁俊者貶於會稽所居有林禽一本枯已十年及是茂盛多實已而仁俊果復用

緑柹會稽謂之椑文選梁侯烏椑之柹　紅柹　牛心柹　八月白柹　丁香柹　上虞蠟柹亦椑之別也古云柹有七絶一壽二多陰三無鳥巢四無蟲五霜葉可玩六嘉實七葉落肥土

枇杷始寧墅多樹此又剡坑吳莊最多

石榴舊說以枯骨置皮間石壓其根則結子繁盛越人呼爲金罌蓋避錢鏐諱云剡中者佳地近東陽多榴房

棃越人目爲棃頭其實不如北方之美大者曰廿兩棃會稽新志云出乳山者佳

櫻桃有大小二種蕭山者勝他邑亦有之宋宦者董淸臣爲供奉官每櫻桃宴即於櫻桃未出時遣人往越州買得百顆奏曰請賞櫻桃可知越州櫻桃美矣

宋李易詩豆角嘗新小

麥秀來禽長向櫻桃肥

銀杏俗謂之白果

榧子有麤細二種

棗牛頭山江塘者佳　蕭山白蒲棗　諸暨九熟棗

嵊之嶀山棗灣又有一種青者

栗本草生山陰陶隱居曰會稽最豐諸暨形大皮厚不美剡及始寧皮薄而甘或謂諸暨有三如如錦之桑如緜之布如拳之栗諸暨栗至多山中人用和粳米煑飯食之然總之不如北方之佳

青欞子產四明山其味極甘其堅不可碎破唐陸龜蒙皮日

休俱有詩見山川志宋史浩詩羽憶新從帝所回餘懽未盡玳筵開醉拋青子香泥上留與仙家取次栽

山查北人謂之山裏果

梧桐子　櫧子

蒲陶有漿水瑪瑙二種寶慶續志云越中間有碧蒲陶宋王十朋刻館蒲陶詩珠帳纍纍掛龍鬚慢慢抽從渠能美釀不要博涼州

木瓜陶隱居曰山陰蘭亭尤多彼人以爲良果最療轉筋患時但呼其名及書患處作木瓜字皆愈殆不可解

西瓜

甜瓜　嵊之西太平鄉產奇瓜紺翠如筒梁庾信詩美酒含蘭氣甘瓜開蜜筩

菱一名芰屈到嗜芰即此也説文楚謂之芰秦謂之薢茩武陵記四角三角曰芰兩角曰菱其花晝合宵炕隨月轉移猶葵之隨日也嘉泰志越人謂小者爲刺菱大者爲腰菱羅文菱最大所謂腰菱也今刺菱之呼猶昔而大者則直曰大菱或曰老菱四角者曰沙角菱產莫盛於山會之間每歲八月菱歌環集湖中（唐王翰詩不知湖上菱歌女幾箇春舟在若耶）

芡亦水產大如拳有刺中乃有圓實可啖俗謂之雞頭嘉泰志山陰梅市之雞頭最盛有一戶種及十八

里者然亦有數種小白皮最佳大白皮中白皮其皮頗堅難齧黄嫩又大輭皆不逮也其莖又可爲葅甚美越人謂藕梗其實芡柄耳

蓮子藕六七月間最佳謂之花下藕又白蓮藕最甘脆多液又羅紋藕生禹廟前名最特出他皆不逮寶慶續志云上虞亦出此藕稍纖細者可和芥爲葅味甚美

荸薺亦謂地栗

核桃

〔花〕古梅八邑皆有之山會餘姚有名嘉泰志云項里容山直步石龜多出古梅尤奇古可愛老幹奇怪綠蘚封枝苔鬚如綠纓疎花點綴其上天矯如畫山谷間甚多樹或蔭十數步好事者移植庭檻縱不槁苔蘚亦輒剝落蓋非凡物也〔宋俞亨宗詩〕疎疎瘦蕊含清馥矯矯虬枝綴碧苔疑是鬚龍離雪殿蒼鱗逸駕玉飛來〔陸游樊江觀梅詩〕老厭紛紛漸鮮歡愛花聊復客江干月中欲與人爭瘦雪後休憑笛訴寒野艇幽尋驚歲晚紗巾亂插醉更闌猶憐心事淒涼甚結子青青亦帶酸〔又〕月地雲堦暗斷腸知心誰解賞孤芳相逢只怪影亦好歸去始知身染香渡口耐寒窺淨綠橋邊凝怨立昏黃與卿俱是江南客剩欲樽前說故鄉〔射的山觀梅射的〕山前雨墊巾籬邊初見一枝新照溪盡洗驕春意倚

竹眞成絕代人餐玉元知非火食化衣應笑走京塵
即令畫史無名手試把清詩當寫眞（又）凌厲冰霜節
愈堅人間乃有此癯仙坐收國士無雙價獨出東皇
太一前此去幽尋應盡日向年別恨動經年花中竟
是誰流輩欲許
芳蘭恐未然

紅梅城圃中及他邑皆有（宋盧天驥剡中
同邑官看迎薰堂紅梅）河陽滿縣栽桃李風過落花
紅不起潘郎遠韻故不凡爲米折腰聊爾爾剡溪詩
尹亦可人作堂偏客名迎薰雖無桃李繼潘令紅梅
一窠香入雲自憐多病繡衣客百年未半鬢先白長
鞭短帽飽霜露田園將蕪身未索何日背琴攜瘦節
鳴絃堂上迎薰風梅香已斷葉初暗滿枝着了雙頰
紅寄聲艇子可留意
爲我沿溪撐短篷

千葉黃梅剡中爲多（宋王十朋詩）菊
以黃爲正梅惟白最佳徒
勞千葉染不似雪中花

蠟梅越中自宋來頗有
亦剡中勝花有紫心者青心者紫者色濃香烈謂之

辰州本蠟梅聲名自蘇黃始（宋徐師川詩）江南舊時無蠟梅只是梅花蠟月開（王十朋剡館蠟梅詩）非蠟復非梅誰將蠟染腮遊蜂見還訝疑自蜜中來（陸游荀秀才送蠟梅十枝奇甚爲賦此詩）與梅同譜又同時我爲評香似更奇痛飲便拚千日醉清狂頓減十年衰色疑初割蜂脾蜜影欲平欺鶴膝枝插向寶壺猶未稱合將金屋貯幽姿

鴛鴦梅雙頭千葉

杜鵑花以二三月杜鵑鳴時開一名映山紅一名紅躑躅會稽有二種其一先敷葉後著花者色丹如血其一先著花後敷葉者色差淡越人多植庭檻間結縛爲盤盂翔鳳之狀惟法華山奉聖寺佛殿前者特異樹高與殿簷等而色尤紅花正發時照耀楹桷墻

壁皆赤每歲花苞欲拆時寺僧先期以白郡府守倅
率郡僚往燕其下邦人亦競出久之寺僧厭其擾陰
戕之蓋宋時已彫枯云郡齋有杜鵑樓天衣雲門諸
刹皆有之又上虞釣臺山上雙笋石其顛有杜鵑花
春夏照爛望之若人立而飾其冠冕者齊唐記宋太
祖太宗眞宗過窗之時花枯瘁三載乃復上虞志又
謂神宗崩三年不榮高宗崩花忽變白孝宗崩三年
若枯既而復茂嘉泰志云近時又謂先敷葉後著花
者爲石巖以别之然鄉里前輩但謂之紅躑躅不知

石巖之名起於何年〔宋僧擇璘詩〕蠶老麥黃三月天青山處處有啼鵑斷崖幾樹深如血照水晴花煖欲然三歎宦林成夢寐前生閬苑覓神仙小山杜頻愁無奈又怕聲聲聒夜眠〔僧仲皎石巖花詩〕繁陰歷歷爍晴空過了花間幾信風明日畫闌俱徙倚却須有句到芳叢　四時杜鵑花平泉草木記稽山之四時杜鵑

山茶花酉陽雜俎山茶葉如茶樹高丈餘葉大盈寸色如緋十二月開一說似海石榴出桂州蜀地亦有然今會稽甚多嘉泰志昌安朱通直莊有一樹高三四丈　貞同平泉草木記稽山之貞同其花鮮紅可愛而且耐久

海榴花即石榴嘉泰志云李義山詩山榴海栢枝相交恐海榴名是一種（唐宋之問翫郡齋海榴詩）澤國韶氣早開簾延霽天野禽宵未轉山蟄晝仍眠目兹海榴發列映叢楹前熠爚御風靜葳蕤含景鮮清晨綠堤佩亭午丹欲然昔忝金閨籍嘗見玉池蓮未若宗族地更逢榮耀全南金雖自貴賀賞詎能遷撫躬萬里絕豈染一朝妍徒緣滯遐郡常是惜流年越俗鄙章甫捫心空自憐

牡丹自吳越時盛於會稽時錢傳瓘爲會稽喜栽植牡丹其盛若菜畦其成叢列樹者顏色葩芳率皆絕異人號爲花精會稽光孝觀有牡丹亦甚異其尤者名醉西施宋熙寧間程給事闕鎮越嘗領客賞焉公

與客皆賦詩刻石觀中曹娥廟前牡丹二株亦不凡雖單葉而著花至數百苞剡人尤好植之歐陽公花品牡丹南出越州宋僧仲林序越之所好尚唯牡丹其絕麗者三十二種始乎郡齋豪家右族梵宇道宮池臺水榭植之無間來賞者不問親疏謂之看花局澤國此月多輕雲微雨謂之養花天俚諺云彈琴種花陪酒陪茶時雍熙三年秋月移花几序僧仲皎詩玉稜金線曉粧寒妙入天工不可干老去只知空境界淺紅深綠夢中看

海棠平泉草木記木之奇者會稽之海棠

木犀有黃白紅三種今人謂之桂按藥中所用桂心桂枝與此似稍不同本草陶隱居云人呼丹桂謂皮

赤然則非以花也越中有紅木犀謂之丹桂平泉草木記木之奇者剡溪之紅桂後又云又得剡中之眞紅桂寶慶續志云意此桂在唐惟龍門敬善寺及剡中有之今則所至婆娑森立不特剡也（唐李德裕集比聞龍門敬善寺紅桂獨秀訪之莫致陳侍御知予所好因訪剡溪樵客偶得數株移植郊園衆芳色沮乃知敬善所有徒得佳名（因賦詩贈陳）昔聞紅桂枝獨秀龍門側越叟遺數株周人未嘗識平生愛此樹攀翫無由得君子知我心因之爲羽翼豈煩嘉客譽且就清陰息來自天姥岑長疑翠嵐色芬芳世所絕偃蹇枝漸直瓊葉潤不彫珠英粲如織猶疑翡翠宿想待鵷鶵食寧止沆瀣留終當更封植（又紅桂樹詩）欲求塵外物此樹是瑤林後素合餘絢如丹見本心妍姿無點辱芳意託幽深願以鮮葩色凌霜照碧潯公自注此樹

白花吐紅心　四季桂寶慶續志云植在剡之雪館塢園亦有之〔唐白居易詩〕有木名丹桂四時常馥馥〔東據詩〕芳林挺芳榦一歲三四花

百葉木芙蓉平泉草木記會稽之百葉木芙蓉

碧桃李光云吾里桃花色白而多葉跗萼皆碧世謂之碧桃〔唐張說剡金庭觀詩〕他日洞天三十六碧桃花發共師遊　千葉白桃

千葉緋桃嘉泰志云二色千葉花皆不實今鏡湖之西如花涇容山諸處彌望連岡接嶺皆桃李畧無雜木方春時花盛發如錦繡裹山谷照水如雲霞恍然異境郡人踏青時皆競出走東湖故有不夘者

杏花（宋盧天驥詩）山杏枝頭鵯鵊兒來傳春意語多
府（王銍杏花詩）玉人半醉點豐肌何待武陵花
下迷記得鞦韆歸後約黃昏新月粉牆低（又）醉裏餘
香夢裏雲又隨風雨去紛紜人間春色都多少莫掃
殘花斷
盡寬

李花

荼蘼有紅白黃三種黃者尤可愛（宋王十朋劉館白
荼蘼詩）月烘香倍
遠雨浥
韻尤清

薔薇越中頗多自昔見稱於人亦有黃紅白三種上
虞東山有薔薇洞又有重臺白葉者平泉草木記稽
山之重臺薔薇會稽之百葉薔薇

梔子花陶貞白言梔子剪花六出刻房七道芬香特甚相傳卽西域薝蔔也越中有二種曰山梔生山谷中花瘦長香尤奇絕曰水梔生水涯花肥大倍於山梔而香差減又有千葉梔六月初始盛

石楠花二月開冬時葉尤可愛嵊山谷間多唐李白詩水衡雲母碓風掃石楠花祖詠詩不知疊嶂夜來雨清曉石楠花亂流

瑞香花生嵊西太白山餘姚上虞亦有此花宋天聖中始傳東坡諸公俱作瑞字張祠部則以瑞爲睡宋盧天驥剡山瑞香花詩入夢生香酒力微不須金鴨裊孤霏爲嫌淡白非眞色故著仙家紫道衣

木蘭吳蜕鎮東監軍使院記大廈前木蘭特異越城中稱爲一絶

丁香　白丁香剡山絶多

凌霄花其蔓倚木直上山陰最多有一歲三著花者

唐元稹詩寒竹秋雨重凌霄晚花落

紫荆　紫薇

木槿

木筆花

山丹

芍藥有紅白二種越中所植其花大有過尺圍者而嵊尤盛（宋李易剡山詩）斑竹笋行三畝地紅藥花開一尺圍（王十朋剡館芍藥詩）已過花王候纔闘近侍香來遊禁酒地免作退之狂

蘭越絕書句踐種蘭渚山王右軍蘭亭是也今會稽山甚盛餘姚縣西南並江有浦亦產蘭其地曰蘭墅

蕙餘姚江邊多產之因名蕙江

菊古作鞠字嘉泰志昌安門內朱通直莊有佳菊數十種續志上原名品亦多剡中高氏雪館種菊一二百本最奇者紫菊丹菊近日尤盛奇香異態種種惟

藍菊最難得

木僊宋元祐間始盛得名有兩種一爲金盞銀臺

蜀葵又有小者曰錦葵俱有五色

鳳僊花有五色

雞冠花亦有白者

萱花越人謂之鹿葱花毛詩作諼草

洛陽花有五色甚媚

芭蕉

石竹

玉簪

剪春羅　剪秋羅

午時花午開子落

長春花卽月月紅

罌粟花又名米囊有千葉單葉

蝴蝶花

金絲花

荷花亦曰芙蕖說文其花芙蓉其秀菡萏唐時鑑湖

及若耶盛見名人詩者甚多嘉泰志云山陰荷最盛

其別曰大紅荷小紅荷緋荷白蓮青蓮黃蓮千葉紅蓮千葉白蓮出偏門至三山多白蓮出三江門至梅山多紅蓮夏夜香風率一二十里不絕非塵境也遊者多以晝故不盡知今昌安門外地名寨下有朱太守祠前後十餘里皆荷池風景不減昔時而各邑湖中亦往往彌望餘姚燭溪湖有荷花漕

〔唐李太白詩〕鏡湖三百里菡萏發荷花五月西施採人看隘若耶〔又〕荷花鏡裏香〔又〕若耶溪旁採蓮女笑隔荷花共人語〔徐彥伯詩〕妾家越水邊搖艇入江煙既見同心侶復採同心蓮折藕絲能脆開花月正圓春歌弄明月歸棹落花前〔王昌齡詩〕越女作桂舟還將桂爲檝湖上水渺漫清江初可涉摘取芙蓉花莫摘芙蓉葉將歸問夫壻顏

邑何如妾〔僧齊己詩〕越溪女越江邊齊菡萏雙嬋娟嬉遊何處採摘且同船浩發容與清波生漪漣時逢島嶼泊幾共鴛鴦眠襟袖既盈溢馨香亦相傳薄暮歸去來苧蘿生碧煙

〔木〕松嘉泰志臥龍及蕺山絕頂有松數株蓋百年之木新松最多無山不植

栢有渾側二種又有一片如手掌者名手掌栢

檜栢葉松身平泉草木記木之奇者會稽之檜

樫似栢而香出四明山爲多見梅福四明山記

桐謝車騎所居桐梓森聳本草圖經生桐栢山谷今處處有之其類有四青桐枝葉俱青無子梧桐皮白

葉青有子白桐有花與子其花三月開黃紫色崗桐似白桐無子白桐崗桐宜作琴瑟

梓十道志越城多生豫章樹每風雨聞鐘鼓聲豫章即梓也吳越春秋吳王好起宮室越王使工人入山伐木天與大木一雙可二十圍陽爲文梓陰爲楩楠梅福四明山記山生梓或云梓即是楸

桑　柘越中多有之非但葉可喂蠶其木文理縝密而黃色可愛堪爲器具

櫟木經注謝靈運與惠連聯句刻孤潭櫟側

檀可爲車宋南渡初製五輅須檀爲軸取諸嵊

楝有花詩人常道之宋梅聖俞詩紫絲暈粉綴鮮花綠羅布葉攢飛霞陳無巳詩密葉巳成蔭高花初著枝

椿剡溪谷多此木宋孔德紹詩歲積松方偃年深椿欲楸

楮說文穀也陸璣草木疏江南以楮擣紙

柞周處風土記始寧剡界山多柞木吳越之間名柞爲櫪漢五柞宫卽此木

樟出嵊他邑亦多有之酉陽雜俎江東人以樟爲船宋張嵲詩白水汪汪滿稻畦樟花零落徧前溪

㮧輿地志越太平山生㮧木嵊亦多此木宜爲榜
楮越中在在有之土人多用以作器
橡出嵊（唐許渾詩霜肥橡栗留山鼠月冷菰蒲散水禽）
榧平泉草木記木之奇者稽山之榧然嵊尤多木理堅細堪爲器圖書會粹王右軍嘗詣一門生家設佳饌供給意甚感之欲以書相報見一新榧几至滑淨便書之草正相半門生送王歸郡比歸其父刮削都盡兒看驚懊累日
皂莢　昇仙木四明山皂莢樹也絕大劉樊於此飛

昇（宋孫應時詩）劉樊蟬蛻此登仙老木當時已插天
玉骨半枯猶秀潤蒼苔新長更榮鮮蟠桃待熟三
千歲鐵笛重摩五百年化鶴未
歸山寂寂徘徊誰與問因緣

貝多木出諸暨寶掌巖寶掌禪師所植蓋數百年矣

相思木平泉草木記得稽山之相思木述異記戰國時魏有民戍秦其妻思之卒塚上生木枝葉皆向夫故謂之相思木吳都賦相思之樹注樹理堅斜斫之有文可作器

欆櫚十道志會稽棕山又剡山谷多植山海經注欆一皮一節

黄楊四明山記山生黄楊

榆　楊　柳　槐　烏桕　冬青　楓　槿　杉

朴　椐

草

席草越人取以爲席產多而利博

莎草釋草云臺夫須可以爲笠又可以爲蓑此草易茂歲歲蘩滋薙之一日已復生越人惡之嘗苦其不能去而北方以罕有貴之唐河南西士曹有莎廳宋晏元獻有庭莎記是也其根爲香附子

三白草產鏡湖畔初生不白入夏葉端方白農人候

之以蒔田三葉白苗畢秀矣

茝即白芷

芸今七里香葉類豌豆作小叢生其花極芬香經秋葉間微白如粉汙辟蠹殊驗

長生草又名卷柏生四明山雖甚枯槁得水即葱翠甚爲異也

鹿胎草獵士陳惠度射鹿剡山鹿孕而傷産子死猶以舌舐之母亦死其處生草曰鹿胎草

恆春草鄉人名爲千年潤唐方士梁鍾進恆春草詩東湖有靈草生彼剡溪旁

既亂莓苔色仍連菌萏香金膏徒騁壽
石髓莫矜良儻使露消滴還遊不死方

鼓椎草　旱蓮草　馬鞭草　馬鬚草　魚腥草

鴨跖草　上青下白草

蘋似槐葉生道旁淺水中與萍雜至秋則紫越中謂之馬薸亦呼紫薸韓詩沈者曰蘋浮者曰藻

藻水草之有文者生乎水下而不能出水之上古人藻梲蓋取以禳火

苹一名蓱無根而浮常與水平越人謂之薸言漂流無定也舊說萍善滋生一夜七子一日萍浮於流水

則不生於止水則一夕生九子世說楊花入水化爲浮萍

昌蒲越中有一種葉有脊如劍謂之鴈蕩昌蒲又有石昌蒲者生石上節殊密不止一寸九節也今人多以拳石或沙中種之爲几案之玩陶貞白言眞昌蒲古人謂之蘭蓀四五月亦作小鵞花也東澗溪側又有名溪蓀者根形氣色極似石上昌蒲而葉正如蒲無脊俗亦呼爲昌蒲

蔆生水澤間吳越春秋越王念復吳讐目臥則攻之

以蓼

大蓼一名馬蓼莖大而赤生水中高丈餘越中池澤所在有之

蒲宋餘姚尉楊襲璋留家于汝湖之東植蒲數里遂名其地曰東蒲（襲璋詩海上寇空千載穴湖東樹老幾行蒲）

葛性柔韌蔓生可衣五雲門外有葛山吳越錄越王種葛於此其民歌曰令我採葛以作絺

蘆　荻　茗　藍　苧

芝有五色

竹箭竹其別名曰篠左傳會稽之竹箭蓋二物也周禮有箈箟筍菹鄭康成云竹萌曰筍箭萌曰箈音迨箭爲矢材故亦謂矢爲箭謝康樂山居賦二箭殊葉箬箭大葉笄箭細葉戴凱之竹譜會稽箭最精節間三尺堅勁中矢

淡竹可煮以爲紙

苦竹笋味苦不堪食有黃苦青苦白苦紫苦幹細而直可以爲筆圖經越出筆管是也又有頓地苦堅中可以爲矛桿額苦其節疎湘簞苦油苦苦竹亦可爲

紙但堪作寓錢爾

筋竹越中處處有之嵊爲多羅浮山疏筋竹堅利南中人以爲矛酉陽雜俎筋竹筍未竹時堪爲弩弦

慈竹冬月笋生竹外繞其母故又名孝竹又名王祥竹酉陽雜俎慈竹夏月經雨滴汁下地生蓐似鹿角色白食之已痢

斑竹述異志越中有顧家斑竹用以作牀椅及他器具甚清雅

對青竹成都古今記云對青竹竹黄而溝青每節若

閩出此竹惟會稽頗多彼人呼爲黄金間碧玉今或稱曰閃竹又曰間竹又云越閃竹（宋宋祁贊）翠瀟如畫（黄庭堅賦）金碧其相

紫竹可爲簫管九節者佳（宋宋祁贊）竹生三歲色乃變紫

黄竹出蕭山昔范蠡過此遺馬箠焉生筍爲林竹色皆黄

筀竹寶慶續志云樂部作筀率以會稽臥龍山竹爲貴

角竹節高而疎筍味淡有斑色

方竹中堅而外方爾雅鄰堅中簡簝中（宋張詠詩）筍從出土已方堅峻節淩霜更可憐

公孫竹高不盈尺可爲几案之玩

人面竹剡山有之竹徑幾寸近本逮二尺節極促四面參差竹書如魚鱗而凸頗類人面爾雅莽數節

盧棲竹嵊嶀山有盧棲灣竹譜竹膚是盧

戴凱之竹譜竹之別類有六十一黃魯直以爲竹種類至多竹譜之類皆不詳欲作竹史不果成今所錄

猫竹一作茅竹又作毛竹榦大而厚異衆竹越人取

以爲舟四明洞天記毛竹叢竹叢生澗邊又金庭山毛竹洞天有毛竹宋李清叟詩雲藏毛竹深深洞煙起香爐梟梟風明張璨詩毛竹陰森洞門古

桃枝竹作篋殊韌堪作簟爾雅桃枝四寸有節西京雜記會稽歲時獻竹簟號流黃簟書曰篋席黼純孔安國云篋桃枝竹也梁元帝詩柯亭臨絶澗桃竹夾細流

石竹山居賦注石竹本科叢大以充屋椽巨者竿挺之屬

桃枝石竹小而密人家多植之以當籬援

水竹依水而生亦細密人家亦以爲宅援大者或圍數寸其細密乃不能如桃枝石竹也

燕竹越人以其燕來時出笋甚美因以爲名（宋華鎮詩）竹筍黄芽欲老時杏梁日煖燕初歸他林尚聳千竿翠此笋先抽一握肥（王十朋在剡詩）問訊東牆竹佳名始得知龍孫初迸處燕子正來時

筴竹可煮爲紙幹細而直

⿱竹跔竹即筆竹越中俱有而剡爲多有早筆晚筆黄筆綿筆（宋梅堯臣詩）侵天筆竹溪西東

龍鬚竹長而秀節疎

鳳尾竹葉細小亦慈竹別種

止越產耳山海經竹六十年易根易根必花實而枯死實落土復生六年而盛疃本草竹開花小白如棗花實如小麥子味澁浙人號爲竹米以爲荒年之兆宋政宣間越州竹生花蔡京表賀其辭曰獨挺歲寒之節誕敷朝藍之榮百葶匀紅耀鶴棲之舊幹千枝競翠竹鳳實以來儀議者謂竹生花則實而枯非可賀也竹性喜東南故古之種法云斸取東南引根於園角西北種之久之自滿園語曰西家種竹東家治地言其滋引而生來也近時之語又曰種竹

無時雨過便移多帶舊土認取南枝又數簳相連則易生諺曰十人種竹一年成林一人種竹十年成林

藥　山奇糧即禹餘糧也產山谷間服之令人不饑療瘋毒瘡其功甚速山民遇歉歲取食之　玉芝出陶宴嶺一名鬼臼一名山荷葉一名唐婆鏡花色正紅生葉下故又名羞天花　半夏　香附本草又謂之莎根　芍藥有赤白二種產上虞者佳　蒼朮　紅花　茴香　五味子　瓜蔞　紫蘇　山查　穿山甲　蝸　枳實　陳皮　茯苓　黃連　栢子仁

甘菊 菖蒲 南星 百合 薄荷 梔子 車前
蔓荊子 金櫻子 白朮新昌多 枸杞子
劉寄奴草 馬兜鈴 益母草 何首烏 天花粉
金銀藤花卽忍冬也 天門冬 麥門冬 側柏
葉 艾 桔梗 茵陳卽蒿 茅根 青葙子卽白
雞冠子 蟬蛻 螳螂 鹿角 虎骨 兎頭骨
兎矢 柴胡 前胡 元參 苦參 苧根 燈心
茯神 黃卷卽荳芽 槐角子卽槐實 天蕎麥
桑白皮 淡竹葉 竹茹 桑寄生 楓寄生

龍牙草出銀山塢 草决明 夜明沙 穀精草 龜甲 鱉甲 紫花地丁出香爐峯治疔瘡甚効 金星草 細辛 女貞實卽冬青子也 葛根 金壺瓶草 薏苡 稀薟 紫河車紫白二種亦名金線重樓 霹靂箭治毒甚效又名一枝箭 三七近自廣中移種來甚易繁治血亦效

鳥 鵲淮南子鵲巢向太一博物志鵲背太歲先儒以爲鵲巢居而知風歲多風則去喬木巢旁枝鄭箋鵲之作巢冬至架之至春乃成俗傳鵲巢有梁見鵲上

梁者貴一曰乾鵲今俗呼喜鵲

鶻鳩釋鳥云鶻鳩鶻鵃音骨嘲左傳鶻鳩氏司事一名鳴鳩月令鳴鳩拂其羽一名鷽鳩莊子蜩與鷽鳩笑之短尾青黑色多聲似山鵲而小　班鳩項有繡文班此似鵲巢之所謂鳩歐陽公謂常在人家屋瓦間者也　鵓鳩灰色無項繡陰則屏逐其匹晴則呼之語曰天將雨鳩逐婦　鳲鳩即布穀一名戴勝月令戴勝降于桑越人云降桑遇金日主穀賤　爽鳩鷹也至二月則化爲布穀

鷓鴣背臆前有白圓點文本草形似母雞多對啼常自呼其名志常南嚮不思北鳴曰鉤輈格磔會稽諸暨山間頗有（唐李白越中覽古詩）只今惟有鷓鴣飛寶華詩）鷓鴣飛上越王臺（白居易和投簡陽明詩）時鮮貴鷓鴣

杜鵑一名子規夜啼達旦血漬草木凡始鳴皆北嚮啼苦則倒懸於樹越人謂之謝豹（宋李易剡山詩）丁寧杜宇往江北爲與故人令早歸

烏孝烏也王子年拾遺記越王入國有丹烏夾王而飛起望烏臺以紀其瑞益州耆舊傳張霸爲會稽太

守一郡慕化民語曰城上烏鳴哺父母府中諸吏皆孝友廣雅純黑而反哺者謂之烏小而腹下白不反哺者謂之雅烏白項而羣飛者謂之燕烏越中又有一種名寒鴉比常鴉頗小歲十月自西北來其陣蔽天及春中乃去（宋秦觀蓬萊閣滿庭芳詞寒鴉萬點流水遶孤村）

燕舊說紫胸輕小者謂之越燕胸斑黑聲大者謂之北燕北燕每巢人家門外越中人家每候燕多社前但不入屋必過元鳥至之日乃入營巢

鶯即倉庚一名黃鸝詩人謂之黃鳥

鸛拾遺記鸛能聚水巢上故人多聚鸛鳥以禳火災然往歲會稽市火相去尚遠忽有熛焰如流星獨焚倉西鸛巢鸛飛鳴空中竟不能救

鵯鶋雅舅也（唐張祜詩）落日啼烏舅空林露寄生（宋胡宿詩）二月辛荑猶未落五更烏舅最先啼（盧天驥詩）山杏枝頭鵯鶋兒來傳春信語多時

吐綬生嵊太白山狀如鷄文彩五色口吐綠綬長數尺古今注吐綬鳥曰錦囊（唐劉禹錫詩）越山有鳥形參廓嗉中吐綬光若若（宋李易詩）昔人仙去斷丹梯憔悴深山吐綬鷄百囀和鳴非我事漫將錦服擅幽棲

斵木口如錐長數寸常斵木食蠹

鸜鵒蓋雀之屬飛則鳴行則搖長脚尾腹下白頸下黑

黃雀白露來霜降去

畫眉越所在有之其眉如畫音宛如人語可聽

拖白練嵊玉岑最多尤可玩愛

鷴白羽紅冠腹下作灰青點花園者之最可珍（唐項斯詩）更望會稽何處是沙連竹箭白鷴羣

雪姑其色蒼白冬月羣飛鳴則大雪

雉　鵓鴣　桑扈　百舌　鸜鵒　練雀　竹鷄

黄頭　白頭翁　鵃　鴿　鶚

鵜鶘形似鶚而大高足頷下壺大如數升用以盛水貯魚好羣飛沉水食魚其鳴自呼一名淘河一名洿澤越中不常有有輒大水

鷺色雪白頂上有絲長尺餘欲取魚則弭之山陰瀕水人家多畜之皆馴不去惟白露一日必籠之不然飛去

鸕鷀漁人畜之以取魚

鷗　鸂鶒　鴛鴦　鷁

許書云乃内外黃庭非道德

鳬　鴨尸子野鴨爲鳬家鴨爲鶩

鵞晉王右軍愛鵞今戢山蘭亭金庭山皆有鵞池存焉圖書會粹山陰曇禳村有一道士養好鵞十餘王淸旦乘小船往看之意大願樂告求易道士不許百方譬說不能得之道士言久欲寫河上公老子縑素早辦而無人能書府君若屈書道德各兩章便合羣以奉右軍爲停半日寫畢籠鵞而歸大以爲樂（唐李白詩）右軍本淸眞瀟灑在風塵山陰過羽客愛此好鵞賓掃素寫道經筆精妙入神書罷籠鵞去何曾別主人

鷄

獸牛古之視牛者以有病則耳燥安則溫潤而澤詩云爾牛來思其耳濕濕是也舊又云牛相璧堂欲濶膺廷欲廣豪筋欲就雋骨欲垂捕頸欲高排肋欲密尾不用至地頭不用多肉角欲得細身欲得圓眼欲得大戶方易飼鼻廣易牽倚欲如絆馬行欲如羊形欲如卷懸蹄欲如八字亂腱好觸龍頸突目好跳毛拳角冷有病毛少骨多有力歧喉有壽常有似鳴有黃嘉泰志中州秤潼取酥酪以雍酥爲冠今南方亦皆作而會稽爲佳會稽諸邑又推諸暨爲冠晉王武

子指羊酪示陸士衡云卿江東何以敵此疑當時南方未有酪也今餘姚乳餅特有名

羊嘉泰志會稽往歲販羊臨安渡浙江置羊艎板下羊齧船𥽮舟漏沉溺者甚衆至今人以爲戒

猪 野猪大者二三百斤四明山𡹴及野僧饜之不以入市 豲猪 貛猪

馬 驢 騾

鹿 麂孔曄記龍泉山有三足白麂

虎

犬 貛 豺 竹狗

猫

栗鼠 松鼠 鼯鼠即甘鼠唐陸淳曰予嘗怪鼯鼠食郊牛致死因避兵會稽見有小鼠能噬牛纔傷皮膚無有不死者

猿山家謂之鞠侯皮陸俱有詩見山川志 猴嘉泰志栁子厚云猿好踐稼蔬所過很藉會稽山間豆麥壺麻菜菔蔬果竹萌之類多爲殘天衣寺僧法聰令捕一老猴被以衣巾多爲細縫使不可脫縱之使去

老猴喜得脱逃跳趨其羣羣望而畏之皆捨去老猴趨之愈急相逐日行數十百里其害稍息

兕

狐　牛尾貍　玉面貍新昌山中有之雪中取者味絶佳元朝以充土貢又以其食柹葉謂之柹貍

九節貍

獺似狐而小青黑色膚如伏翼水居食魚春初取鯉於水裔四方陳之進而弗食世謂之祭魚越中濘居者時見之

魚石首魚本草和尊作羹開胃益氣加鹽暴乾食之名爲鯗土人愛重以爲益人雖產婦在蓐亦可食炙食之主消瓜成水初出水能鳴夜視有光頭中有石如碁子又野鴨頭中有石云是此魚所化

鯔魚色黑如緇衣其頭微小而匾杭人謂之蛇頭魚魚之最美者吳王與會稽介象論鱠之美乃陷地置鈎餌果得鯔焉侍中徐景山云獺嗜鯔魚乃不避死本草生江海淺水中今越中瀕海處皆有之而餘姚後海之產更冠絕魚品桃花時爲絕勝然易餒即鹽

者不能數日故難致遠（明尚書孫文恪公詩思歸夜夜夢郊居何事南宮尚曳裾家在越州東近海鯔魚味美勝鱸魚）

鱓魚類鯔而小

春魚似石首而小歲以仲春而至豈以此得名與鹽浥而乾之名曰含肚嘉泰志越人饁耕以含肚羹爲上饌傭耕者至有置不敢食裹歸爲親養者或不設則皆不樂

梅魚小於春魚而頭大冣先至梅花時有之或云當作糜魚蓋善爛云孫因越問梅魚桃鯔數異品也

箬魚狀類箬細鱗紫色即比目魚也一名鞋底魚

鯧魚鯧腹細鱗春夏之交其鱗微黑味甘而不珍

彈塗甚小水涸則跳亦名跳魚

烏鰂舊說烏鰂有矴遇風則蚪前一鬚下矴一名纜風魚風波稍急即以鬚黏石爲纜遇大魚輙噀墨周其波以衛身若小蝦魚過前即吐墨涎蓋之南越志烏賊懷墨而知禮

鱸鏡湖中小者纔數寸許最珍閒有四腮者海鱸乃絶有大者煮熟則韌淪以沸湯亟取乃脆美可啖

鯉越中在在有之池澤所畜大者或十餘觔而餘姚江乃產三色鯉自黃山港口至汪姥橋曰姚江其鯉口尾青自橋而西至西石廟曰舜江其鯉口尾赤廟之西洲邊多產蕙花曰蕙江其鯉口尾青白其在一水中而分界不亂（明許穀詩）江流一派碧波浮分出三江各自流何事潛鱗亦三色揚鬐分界不同游（皇甫汸詩）三江橫貫兩城中同是潛鱗色不同更道芳洲多蕙草幾叢花發倚春風又燭溪湖魚至多而絕不產鯉間產鯉不二三尾並湖居民輒致訟不解

鯽一名鮒鏡湖中鯽纔數寸越人謂鯽喜聚遊鯽言

相即鮒言相附蕭山湘湖之鯽珍美餘姚之燭溪上林二湖者亦特佳

鱧　鮎越人謂鱸之小者爲鱸鮁鯉之小者爲鯉花鯽之小者爲鯽核鱧之小者爲鱧䲇鮎之小者爲鮎篦

鱖亦桃花時肥

鱓性浮而善飛躍土人謂之黄鱓陸璣曰黄頰魚燕頭魚身頰骨正黄魚之有力解飛者亦名黄揚

白魚嵊嵎祠下巨潭大者二三尺頭昂者第一尾頳

者謂之追紅白

鮆有二種亦呼爲魛魚魛魚堪鱠亦曰刀鮆說文飲而不食刀魚也越人謂之江鮆其小者謂之海鮆春時子多而肥

魴一名鯿細鱗縮項濶腹所謂縮項鯿也其廣方其厚褊味特肥美

鱅亦作鰫上林賦注似鰱而黑　鰱一名鱮弱鱗而色白北土謂之白鱮今越人呼白鱗者爲白鰱赤鱗者爲紅鰱六韜曰緡隆餌重則嘉魚食之緡調餌芳

則鱅魚食之鱅鱅魚也魚之不美者山會諸暨以南大家多鑿池養魚爲業每春初九江有販魚秧者買放池中輒以萬計方爲魚秧時飼以粉稍大飼以糟糠久則飼以草明年賣以輸田賦至數十百緡其間多鱅鰱及鯉鯇青魚而已俗謂鰱食諸魚矢池養鰱水乃潔池有數十畝者旁或築亭榭臨之水光浩渺鷗鷺鵁鶄之屬自至植以蓮芡菰蒲拒霜如圖畫然過者爲之躊躇貨殖傳曰水居千石魚陂謂此也

青魚　鯇　鱓

銀魚浙河以北所產大如指此州所產僅如箸末而軟美過之博物志謂之吳餘鱠魚云是吳大帝食鱠棄其餘水中化爲魚也樵風溪酒甕山下間有之甚大餘姚則獨石巍橋之東傍南岸江水中有有時常在四五月

鰣魚其大如筋味頗似建業之鰣魚產餘姚之梅嶼溪小麥熟時有亦名小麥魚

鱓土人夏至以後始食入秋則不食俗傳其性屬土煮太久則化爲泥嘉泰志府學大成殿前池中有鱓

其大幾圍二尺歲旱池涸有見之者後漢書楊震傳冠雀𠛬三鱣魚顔之推曰當作鱓按荀子魚鱉鰌鱣韓非子鱣似蛇漁者持鱣俱作鱣本草作鱓荀子蟹非蛇鱓之穴亦作鱓章懷太子賢曰鱣鱓古字通也今從本草

鰻鱺形似鱓府城塗山有靈鰻井

鰍

介屬

龜　鼈　黿

蟹酉陽雜俎蟹八月腹內有芒眞稻芒也長寸許向東輸與海神未輸芒不可食　紫蟹產上河色紫其味尤雋苦楝花時被子而至語曰苦楝開紫蟹來

黄甲形甚大產海涯其螯無毛　蟛蜞小止可及寸

沙蟹更小味亦下

蚌　蛤　蜆　蟶　蚶亦名瓦稜子田種者佳

螺　蛇種類甚多

吐鐵狀類蝸而殼薄吐舌嘀沙沙黑如鐵至桃花時鐵始盡吐味乃佳醃食之宜飯（宋厲無咎詩）免冤思脫三塗難吐舌并從五鼎烹

鼀似蝦蟆而長踦䐜目如怒越王式怒鼀而武士歸之即此也土人謂之田鷄當鼀鳴後食之冬月不食

竹鼃春中能升高而鳴吐白沫懸竹樹間沫中皆
小黑子　蝦蟆本草一名蟾蜍腹大背黑皮上多痱
磊跳行西陽雜俎蝦蟆聲抱今里俗聞其春鳴謂之
聒子大抵皆鼃類其子皆如小鮎魚大頭而有尾謂
之科斗大盡月先生前足小盡先生後足後足生而
尾脫　又有蛤蚧亦鼃之屬或名丰蛤秦望諸暨山
谷間皆有之長四五寸尾與身等形如守宮一雄一
雌常自呼其名冣惜護其尾或見人欲取之多自囓
斷其尾首如蝦蟆背有細鱗如蠶子土黃色捕者必

以月之上寅日不則往往藏穴中不出

蝦海蝦擣潑生食以案酒殊儁快河蝦殼強可烹食耳又謝豹啼時漁人賣小蝦名謝豹蝦又有小蝦大如糠蝦曰糠蝦

水母一名蝦蛇閩人直曰蛇大小不等形如覆帽而無口眼今三江斗門海浦潮退人可拾取常有蝦寄其上方其浮泛水上人欲捕之輒欻然而逝乃是蝦有所見耳越絕書海鏡蟹爲腹水母蝦爲目也其性煖能已河魚之疾或以蝦醋如鱠食之最宜亦物類

相攝云

〔蠶〕陽物也惡水蠶書飼蠶勿用雨露濕葉淮南子蠶食而不飲蟬飲而不食蜉蝣不飲不食再蠶謂之原蠶一名魏蠶土人謂之夏蠶亦曰熱蠶亦曰晚蠶以晚葉食之先王禁焉淮南子曰原蠶再登非不利也然王者之法禁之爲其殘桑也周禮鄭康成注蠶與馬同氣物莫能兩大禁原蠶者謂害馬與今蠶負馬跡亦其驗哉自先王之禁不行而民間有一歲三蠶者矣是以桑弱而馬耗也春蠶四眠餘蠶皆三眠

越人謂蠶眠爲幼以蠶死則謂之眠熟故諱之

蜂有兩衙應潮王之所在衆蜂旋繞如衛一名蠟蜂蠟生於蜜然而蜜甘蠟淡山陰法雲寺僧云毘村民家墓木空中有蜂集焉歲得蜜甚多或嫉之投燎焚之蜂衛其王不去盡死亦可異也　直

蛺蝶粉翅有鬚一名蝴蝶列子曰烏足其葉爲蝴蝶嘉泰志云嘗見園蔬其葉有爲蝶者三分二已蝶矣其一分未化者尚葉也又嘗見山陰澤中木葉化蝶亦如此干寶云稻成蛬麥成蛺蝶豈虛哉又有黃翅

帶黑點者亦有紫色者

螢月令腐草爲螢一名挾火一名據火一名熠燿一說熠燿行蟲非螢也今卑濕處有蟲如蠶蠋尾後帶火行而有光者是也越人謂此物多則有年又謂入人室則有客至

蚇蠖　蝸牛　蚱蜢　莎鷄　螻蛄　蜈蚣　蝘蜓

蜻蜓　蟬　蛭

貨鹽郡蓋有鹽課司五焉山陰則錢清三江蕭山則西典會稽則曹娥餘姚則石堰鹽利甚博商販畢集

西溪叢語元豐初盧秉提點兩浙刑獄會朝廷議鹽法秉謂自錢塘縣楊村塲上流接睦歙等州與越州錢清塲等水勢稍淡以六分爲額楊村下接仁和縣湯村爲七分鹽官塲爲八分並海而東爲越州餘姚縣石堰塲明州慈谿縣鳴鶴塲皆九分至岱山昌國又東南爲溫州雙穟南天富北天富十分著爲定數蓋自岱山及三天富皆取海水煉鹽所謂熬波也自鳴鶴西南及湯村則刮鹻以淋鹵以分計之十得六七鹽官湯村用鐵盤故鹽色青白而鹽官鹽色或少

黑由曬灰故也湯村及錢淸塲織竹爲盤塗以石灰故色少黃竹勢不及鐵則黃色爲嫩青白爲上色黑多鹵或又有泥石不宜久停若石堰以東雖用竹盤而鹽色光白以近海水鹹故爾後來法雖小變公私所便大抵不易盧法餘姚志曰亭民煎鹽之法海潮每至沃沙日見沙白用鐵刀刮鹻聚而苫之乃淋鹻取滷然後試以蓮子每用竹筒一枚長寸許取老硬石蓮三枚納筒中探滷三蓮橫浮則極鹹謂之足蓮滷亦謂之頭滷二蓮橫浮次之若三蓮俱直浮其滷

薄不可用竹盤者編竹爲盤中爲百耳以篾懸之塗
以石灰纔足受滷燃烈焰中滷不漏而盤不焦灼一
盤可煮二十過近亦稍用鐵盤
茶府城內臥龍山瑞龍茶山陰天衣山丁堄茶蘭亭
花隖茶會稽日鑄嶺日鑄茶陶宴嶺高隖茶秦望山
小朵茶東土鄉鴈路茶會稽山茶山茶諸暨石筧茶
餘姚化安瀑布茶童家嶴茶上虞後山茶嵊剡溪茶
蕭山新昌亦產茶而名不甚著陸羽茶經浙東以越
州上餘姚縣生瀑布泉號仙茗大者殊異小者與襄

州同嘉泰志日鑄嶺下有寺名資壽其陽坡名油車朝暮常有日產茶絶奇故謂之日鑄然茶之尤者顧渚蜀岡蒙頂皖山寶雲皆見於唐以前記錄或詩章中日鑄有名頗晚吳越貢奉中朝士毛畢入亦不聞有日鑄則日鑄之出殆在吳越國除之後歸田錄云草茶勝於兩浙兩浙之品日注第一青箱記亦云越州日鑄茶爲江南第一范文正公汲清白堂西山泉以建溪日鑄臥龍雲門之品試之云茸液華滋悅人襟靈今越中產茶極多佳品惟臥龍一種得名亦盛

幾與日鑄相亞或謂臥龍山茶種初亦出日鑄蓋有
知茶者云二山土脉相類然日鑄芽纖白而長其絕
品長至三二寸不過十數株餘雖不逮亦非他產所
可望味甘輭而永多啜宜人無停滯酸噎之患臥龍
則芽差短色微紫黑類蒙頂紫筍味頗森嚴其滌煩
破睡之功則雖日鑄有不能及顧其品終在日鑄下
剡錄云會稽茶以日鑄名天下吾行入日鑄寺綆泉
瀹茶茶與水味深入理竊茶生蒼石之陽碧澗穿注
茲乃水石之靈豈茶哉山中僧言左右巖爲能幾何

入京師供好事者何可給盡取諸近峰剡居半焉然
則世之烹日鑄茶者多剡茶也日鑄以水勝耳建溪
顧渚溪渚以茶名者水也剡清流激湍與山脈絡茶
何不奇余留剡幾年山川巨井清甘深潔宜茶方外
交以茶至者皆精絶篋中小龍么鳳至鐍不擊作茶
品又云茶非水不可水得茶方神陸羽水品二十劉
伯芻水品七其品藻天下名泉殆盡余盡取剡山作
茶品復取剡潭谷作水品錄之如左茶品十瀑布五
龍眞如紫巖焙坑大崑小崑鹿苑細坑焦坑泉品亦

十五龍潭葛翁井石門潭三懸潭雪潭偃公泉亞父潭紫巖潭響巖潭簞潭今山會諸山往往產茶總謂之紹興茶惟以細者爲佳不必卧龍日鑄北地競市之都門牙家云越所販茶每歲蓋計三萬金也其上虞後山茶餘姚四明茶惟郡人知之他地鮮行唐杜牧之卧龍山茶詩山實東吳地茶稱瑞草魁宋晏殊日鑄茶詩稽山新茗綠如烟靜挈都藍煮惠泉未向人前殺風景更持醪醑醉花前唐僧清晝剡茶詩越人遺我剡溪茗採得金芽爨金鼎宋華鎮剡中瀑布嶺仙茶詩烟霞密邇神仙府草木微滋亦有靈

笋乾品亦多盛行差亞於茶名花笋者第一出山會

酒府城釀者甚多而荳酒特佳京師盛行近省城亦多用之荳酒者以綠荳爲麴也近又有薏苡酒地黃酒鯽魚酒造法大約同荳酒而間出新意味俱佳其名老酒者味稍次而特多

醋味香酢過於他處家釀之亦多於他處郡城盛

羅嘉泰志越羅見名於唐杜子美詩屢道之繰絲行越羅蜀錦金粟尺後出塞曲越羅與楚練是也地理志越貢寶花羅今尼院中寶街羅者是近時又翻出新製如萬壽藤七寶火齊珠雙鳳綬帶紋皆隱起而

膚理尤瑩潔精緻寶街不足言矣

綾嘉泰志今出於剡縣昔所謂十樣花紋者今不盡見惟樗蒲綾最盛名樗蒲者以狀如樗蒲子

耀花綾南部煙花錄隋煬帝幸汴時越土進耀花綾有文突起特有光彩絲女乘樵風於石帆山下收野蠶繭繰之絲女夜夢神人告曰禹穴三千年一開汝所得野蛾繭即江淹書橐中壁魚化之絲織爲裳必有文彩既紩成果有光彩人間不敢服遂進之

緺紗嘉泰志剡出緺紗尤精其絕品以爲暑中燕服

如絓氷雪然雖刻之居人亦不能常得矣

縠嘉泰志始見於吳越春秋句踐始得西施鄭旦飾以羅縠是也以故錫貢舊有輕容生縠數十年來縠頗出於蕭山雖未臻絶妙然與吳中機工略相當矣今羅綾綈縠越中絶無織惟絹紗稍有焉

絹山陰蕭姓織者頗佳謂之蕭絹嘉泰志云出諸暨者花山同山板橋輕勻最宜春服今蕭絹亦此類初販鬻至杭而止其後盛行外境又一種厚實者不亞杭之萬家絹今蕭氏不復織絹絹亦漸薄所謂本機

絹者亦行於南北然不爲佳有花絹頗似吳興

紗嘉泰志蕭山紗以暑伏織者爲上秋織者爲下冬爲尤下蓋霜燥風烈則絲脆帛地不堅爲衣易敝今郡城間有織者

葛之細者舊出葛山當句踐時使國中紅女織布以獻於吳甚精而後之葛布頗無聞者今間有之出余貴者佳（越時歌）令我採葛以作絲弱於羅兮輕霏霏（又）葛之蔓兮舒長條爲絺爲綌纖且調當暑是服輕飄飄

苧之精者本出苧羅山下有西子浣紗石蓋俗所謂

苧紗者於此浣之以故越苧亦得名樂府有白苧歌今八邑皆有苧布然尤以暨陽爲勝雖不逮舊蓋苧蘿遺俗也諺諸暨三如有如絲之苧苧或作薴然亦如絲則苧固爲近

白疊布自一種古所謂白氎巾者也晉令士卒百工無得服越疊其貴重如此嘉泰志云今無之〔梁劉孝綽有謝越布啓〕比綃方紈既輕且麗珍邁龍水妙越島夷舊志謂非葛不足當以余度之似即此白疊布耳

山棱布一名鐬布嘉泰志云頗有名亦出於諸暨其初緝蘇爲縷織成而精好纖密蓋亞於羅然頗須厚

價故難售惟貴介公子之厭紈綺者乃獨喜取之將製衣濈之以水頃刻成縠文矣今無織者

強口布強口者地名去嵊十里即王謝飲水處所謂雖寒強飲一口者也嘉泰志云以麻爲之機織殊麄而商人販婦往往競取以與吳人爲市

綿紬古謂之繭布八邑俱有嘉泰志云毛詩傳袍襺也禮記玉藻纊爲繭左氏傳重繭衣裘註皆謂新綿今諸暨之俗紝緝繭緒織如絲縷織之成匹狀似絁而密緻過之雖名爲布其實帛也

絲紬絣絲爲縷光亮有彩色

木綿今人直謂之布

苧紗木綿苧經綿緯山叟之佳服

紙越中昔時造紙甚多韓昌黎毛穎傳稱紙曰會稽

楮先生是也

側理紙小説王右軍在會稽桓温求側理紙庫中有

五十萬盡付之桓温云右軍不節百衲琴云是謝大

傅乞牋紙九萬側理一作陟釐紙譜側理紙南越所

貢漢人言陟釐與側理相亂蓋南人以海苔爲紙其

理縱橫邪側洞天清錄北紙用橫簾造紋必橫其質鬆而厚謂之側理紙

藤紙出嵊（唐舒元輿悲剡藤文）剡溪上綿四五百里多古藤株枿雖春入土脈他植發活獨古藤絕盡生意問溪上人有道者云溪中多紙工蕩斧斬伐無時擘剝皮肌以給其業意藤雖植物溫而榮寒而枯養而生殘而死亦將似有命於天地間今爲紙工斬伐不得發生若此異日過數十百郡洎東雒西雍歷見書文者皆以剡紙相誇予見剡藤之死職正由此此過固不在紙工且今攉管動盈數千百人筆下動數千萬言不知其爲謬誤殘藤命易甚綺文妄言輩誰非書剡紙者耶工嗜利曉夜斬藤以鬻之雖舉天下爲剡溪猶不足以給況一剡溪耶以此恐後日不復有藤生於剡矣藤生有涯而錯爲文者無涯無涯之損物不直於剡藤而已余所以取剡藤以寄其悲（顧況剡紙歌）雲門路上山陰雪中有玉人持

玉節宛委山裏禹餘糧石中黃子黃金屑剡溪剡紙生剡藤噴水搗爲蕉葉稜欲寫金人金口偈寄與山陰山裏僧手把山中紫羅筆思量點畫龍蛇出正是垂頭櫊翼時不免向君求此物（陸龜蒙詩）宣毫利若風剡紙光如月（宋歐陽修詩）剡藤瑩滑如玻璃（黃庭堅詩）剡藤蜀繭照松煙

玉版紙瑩潤如玉（宋蘇軾詩）溪石琢馬肝剡藤開玉版

敲氷紙嵊之極西水深潔山又多藤楮敲氷時爲之益佳蓋冬水也（宋梅堯臣詩）寒溪浸楮春夜月敲氷擧簾匀割脂（張伯玉蓬萊閣詩）敲氷呈好手織素競交鴛（呂本中詩）敲氷落手盈卷軸頓使几案生清芬

羅牋用蜀人魚子牋法（宋陳端以剡牋寄贈陳待詔詩）雲母光籠玉楮温得來原自剡溪濆清涵天姥峯頭雪潤帶金庭谷口雲九萬未充王內史百番聊贈杜參軍從知醉裏縱橫墨不

到羊欣白練裙

澄心堂紙用南唐澄心堂樣

剡硾出嵊用木椎擣治堅滑不凝筆光白可愛有藤

竹二種

竹紙嘉泰志剡之藤紙得名最舊其次苔牋然今獨竹紙名天下他方效之莫能彷彿遂掩藤紙矣竹紙上品有三曰姚黃曰學士曰邵公三等皆又有名展手者其修如常而廣倍之自王荆公好用小竹紙比今邵公樣尤短小士大夫企然效之建炎紹興以前

書簡往來率多用焉後忽廢書簡而用劄子劄子必以楮紙故賣竹紙者稍不售惟攻書者獨喜之滑一也發墨色二也宜筆鋒三也卷舒雖久墨終不渝四也不蠹五也東坡先生自海外歸與程德孺書云告爲買杭州程奕筆百枚越州紙二千幅常使及展手各半汪聖錫尚書在成都集故家所藏東坡帖刻爲十卷大抵竹紙居十七八米元章書史云予嘗硾越州竹光透如金版在油拳上短截作軸入笈番覆一日數十紙前輩貴會稽竹紙於此可見會稽之竹爲

紙者自是一種收於筍長未甚成竹時乃可用民家或賴以致饒〔宋〕米元章寄薛紹彭劉涇〔詩〕越筠萬杵如金版安用杭油與池繭高壓巴郡烏絲欄平欺澤國清華練老無他物適心目天使殘年同筆硯圖書蕭室翰墨香劉薛何時眼中見〔薛紹彭和韻〕書便瑩滑如碑版古來精紙惟聞萬杵成剡竹光零亂何用區區書素練細分濃淡可評墨副以鎔器難乏硯世間此語誰復知千里同風未相見〔又論筆硯間物〕研滴須琉璃鎮紙須金虎格筆須白玉研磨須墨古越竹滑如苔更須加萬杵自對翰墨鄉一書當千戶〔曾幾竹紙三絕句〕會稽竹箭東南美來伴陶泓住管城可惜不逢韓吏部相從但說楮先生〔又〕會稽竹箭東南美化作縹黃紙疊層舊日上毛無用處剡中老却一溪藤〔又〕會稽竹箭東南美研席之間見此君爲問溪工底方法殺青書字有前聞

今越中凡昔人所稱名紙絶無聞惟竹紙間有之然

亦不佳

黃紙　草紙

麻有黃白二種

箬篠葉也

菜油　麻油　桐油　柏油

燭多以桕油作之甚堅耐燒

靛青

蜂蜜　黃蠟

銀出銀山舊有禁毋得擅開　銅錫

〔器〕箭爾雅東南之美則有會稽之竹箭越中有竹名箭宜爲矢自漢以來乃併謂矢爲箭雖用柳用楛亦呼曰箭

簞西京雜記會稽貢流黃簞

竹夫人又名青奴〔宋李公甫蘄春縣君祝氏封衛國夫人制〕常居大夏之閒多爲凉德之助剖心析肝陳數條之風刺自頂至踵無一節之瑕疵末聯云於戲保抱攜持朕不忘兩夜之寢展轉反側爾尚形四方之風〔蘇軾寄柳子玉詩〕聞道牀頭惟竹几夫人應不解卿卿〔又送竹几與謝秀才詩〕留我同行木上坐贈君無語竹夫人〔黃庭堅青奴詩并序〕趙子充示竹夫人詩乃凉寢竹器然憩臂休膝似非夫人之職而冬夏青竹之所長故易名青奴耳穠李四絃風拂席昭華三弄月侵牀我無紅袖堪娛夜

正要青奴一味凉吕居仁秋後竹夫人詩與君宿昔
尚同牀正坐西風一味凉便學短檠牆角棄不如團
扇篋中藏人情易變乃如此世事多虞祗
自傷却笑班姬與陳后一生辛苦望專房

竹扇　蒲扇

草席　茗箒

茶盌陸羽茶經盌越州上鼎州次婺州次岳州次壽州洪州次或者以邢州處越州上殊爲不然蓋邢瓷類銀越瓷類玉邢不如越一也若邢瓷類雪則越瓷類氷邢不如越二也邢瓷白而茶色丹越瓷青而茶色綠邢不如越三也晉杜毓荈賦所謂器擇陶揀出

自東甌是也甌越州上口脣不卷底卷而淺受半斤已下越州瓷岳瓷皆青青則益茶茶作白紅之色邢州瓷白茶色紅壽州瓷黄茶色紫洪州瓷褐茶色黑悉不宜茶

秘色器曾慥高齋漫錄今人秘色器世言錢氏有國日越州燒進爲供奉之物臣庶不得用之故曰秘色嘗見陸龜蒙集有越器詩乃知唐已有秘色矣然陸詩初無秘色字安知非越州昔有此器而錢氏乃用爲供奉耶嘉泰志云今燿州陶器名曰越器而餘姚

志又稱上林湖燒秘色磁器頗佳宋時置官監窰焉尋廢今各邑亦俱有民窰然所燒大率沙礶瓦尊之類不出境亦麁拙不爲佳器唐陸龜蒙詩九秋風露越窰開奪得千峯翠色來好向中霄盛沆瀣共嵇中散鬬遺杯

紹興府志卷之十一終

紹興府志卷之十二

風俗志

昔周官命太師陳詩以觀民風而越吟不列於司樂後世無徵焉越絕書越水行而山處以船爲車以楫爲馬史記貨殖傳楚越之地地廣人稀飯稻羹魚或火耕而水耨果肴蠃蛤不待賈而足地勢饒給無饑饉之患以故呰窳偷生無積聚而多貧是故無凍餓之人亦無千金之家此亦秖言居食一二者耳未及人情所向好而太史公所稱則又槩論江以南非獨指

會稽郡也漢書地理志吳粵之君皆好勇故其民至今好用劍輕死易發又云屈宋以騷賦顯名而枚鄒集於吳嚴朱顯於漢文辭並發吳粵與楚接比民俗畧同審爾則彬彬有文武矣晉書其民循循宋書民性柔而慧昔孔子稱南方寬柔以教豈近是乎至虞翻之稱曰忠臣係踵孝子連閭歷歷有根證大足爲越州吐氣如其言也道德同矣美俗滋有加焉嘉泰志云民勤儉好學篤志尊師擇友絃誦比屋相聞不奢靡士大夫家占產甚薄縮衣節食以足伏臘司馬

相郡志云晉遷江左中原衣冠之盛咸萃於越爲六州文物之藪高人文士雲合景從聲名遂爲江左之冠唐以後文雅不替風流翰墨昭炳相接故名人往往多愛遊其地宋南渡之後學徒益盛舊志又稱有陂池灌溉之利絲布魚鹽之饒其商賈工作皆習簡朴不華麗他若諸邑志所述謹祭祀力本重農下至蓬戶恥不以詩書訓其子自商賈鮮不通章句輿隸亦多識字家矜譜系推門第品次甲乙婦女無交遊雖世媚竟不識面家不鬻男女於外境大家女恥再

醮率皆信實不誣大都於俗爲美也文物與治俱盛物之熙熙或病其質濟矣後進君子自武周固逆覩其然孝文修淵默再傳而侈靡競出世洽盛隆四海皆若斯獨吾越乎哉然俗沿於土係於聞見雖稍以時變易綜其實固不甚遠也諸邑志乃或稱先輩長者其時皆崇孝弟尚廉恥畏刑辟鄉之長老多厚重恥言人過失子弟稍縱恣輒以規矩繩之其仕進率砥礪名節能建立山林之遺逸各以詩文名其家其行業爲後生典刑雖鄙暴者亦知所尊禮農工商賈

勤力敦篤不敢犯非其分婦人愼内閑而修女事尚志節似太過又云今之所安者父母死不哀戚乃反高會召客如慶其所歡民不力本業而博塞以爲生群少年日鶩於市并黠佃者逋王者之租又從而駕禍以脅之絲布不服魚蛤蔬菜不食而務窮四方綺麗極水陸珍味婦女皆競華飾或至擬王家不可望於數十年前之越郡又似詆太過若夫婚論財嫁率破家乃至生女輒溺之嗜貨利崇富而賤貧兄弟好異財別籍則誠惡俗然自昔已然或更甚不可謂自

今人始也其不古若者後輩或輕其長者邑試童子時倍力爲詐巧用居前爭先城市多燕辟而鄉閭多盜頗亦有勝於昔者昔時俳優矜族姓或責士夫以禮今則漸退避昔時巨族相爭輒移文約日角鬬謂之興兵有殺傷乃競訟不已或更鬬今則率聽處斷於官昔時婦入門無論長幼雜觀之謂之看新婦今則稍閑以禮其他如此類尚多不可勝紀語云衰中有盛盛中有衰察於野人君子之論大要覩矣總之今紹興俗崇經術其師友相傳有次第精深融徹循

禮守法僭踰者則共誚之士夫以名節相尚嘉隆以來抗疏者籍籍嘗聆權相有言曰惟紹興人饒我不過其語至今天下傳之宋杜正獻公戒門生曰浙人褊急易動柔懦少立衍於上前執奏人乃曰得無非兩浙生否是又今人勝古者也尚氣多爭宦室編民不自懸別沾沾足已恥卸人見貴勢不爲加禮如灌夫而不能如仲儒敬貧賤寵下輩便捷能作言語喜興謠造謗甚至榜揭於通衢入邑大略同焉其無千金無凍餓食魚蠃蛤猶然而經六代之東徙宋之南

遷其生齒甚繁地更苦狹非復昔之地廣人稀矣而山會附郡城郡城古都會其聞見富古朴之風稍衰然謹守畏譏議又比他邑較尚文士子間能習古文作字或爲詩社近附於陽明先生又多講理學文辭議論渢渢可述蕭山西鄰省會其西鄉稍尚縟禮東鄉乃近朴然總之猶多質直顧喜議論或信浮說叅科第者接踵而仕宦多齟齬自振鮮焉諸暨巖邑民頑好訟所爭毫末至累歲不休村居自爲黨豪宗武斷其科第不爲盛而間出一二人輒能侃侃自樹亦

有詩文派自楊王後不乏人餘姚科第最多兼之鉅宗盤互家席聲勢愈貧寠者愈傲亢自矜士大夫類有節槩然亦往往恃氣不相能卽戚黨或言其過不諱居之不疑亦鮮虛巧其服食視諸邑爲奢上虞居會稽餘姚之間地狹而好矜名類能飭廉隅篤孝讓然喜生事意氣多發揚鮮含蓄嵊新昌舊本一邑在萬山中率負氣攘臂人官府不難破家顧其士子知好學砥行然嵊猶近質不浮不作無益新昌則稍緣飾二三大姓每鬬勝不相下諸邑俗彷彿如此人言

餘姚水曲又背城上虞水淺山會水細流四涯蕭山水二十里直如弦諸嵊新壁於山風俗小異亦其地靈使然與然賢俊錚錚不爲後人論今世於西漢當齊魯矣俗之文雅者也

附吳朱育對孫亮時有山陰朱育少好奇字凡所特達依體像類造作異字千名以上仕郡門下書佐太守濮陽興正旦宴見掾吏言次問太守

昔聞朱潁川問士於鄭召公韓吳郡問士於劉聖傳王景興問士於虞仲翔嘗見鄭劉二答而未覩仲翔對也欽聞國賢思覩盛美有日矣書佐寧識之乎育對曰往過習之昔初平末年王府君以淵妙之才超遷臨郡思賢羨善樂采名俊問功曹虞翻曰聞王出崑山珠生南海遠方異域各生珍寶且曾聞士人歎美貴邦舊多英俊徒以遠於京畿含香未越耳功曹

雅好博古寧識其人邪翻對曰夫會稽上應牽牛之宿下當少陽之位東漸巨海西通五湖南暢無垠北渚浙江南山攸居實爲州鎮昔禹會群臣因以命之山有金木鳥獸之殷水有魚鹽珠蚌之饒海嶽精液善生俊異是以忠臣係踵孝子連閭下及賢女靡不育焉王府君笑曰地勢然矣士女之名可悉聞乎翻對曰不敢及遠畧言其近者耳往者孝子句章董黯盡心色養喪致其哀單身林野鳥獸歸懷怨親之辱白日報讎海內聞名昭然光著太中大夫山陰陳囂漁則化盜居則讓鄰感侵退藩遂成義里攝養卑嫗行足厲俗自楊子雲等上書薦之粲然傳世太尉山陰鄭公淸亮質直不畏彊禦魯相山陰鍾離意禀殊特之姿孝家忠朝宰縣相國所在遺惠故取養有君子之譽魯國有丹書之信及陳公費齊皆上契天心功德治狀記在漢籍有道山陰趙曄徵士上虞王充各洪才淵懿學究道源著書垂藻駱驛百篇釋經傳之宿疑解當世之盤結或上窮陰陽之奧秘下據人情之歸極交阯刺史上虞綦母俊拔濟一郡讓爵土

之封決曹椽上虞孟英三世死義主簿句章梁宏功曹史餘姚駟勳主簿句章鄭雲皆敦終始之義引罪免居門下督盜賊餘姚伍隆劉貢殯候主簿任光章安小吏黃池身當白刃濟君於難揚州從事句章王修委身授命垂聲來世河內太守上虞魏少英遭世屯蹇忘家憂國列在八俊爲世英彥尚書烏傷楊喬桓帝妻以公主辭疾不納近故太尉上虞朱公天姿聰亮欽明神武策無失謨征無遺慮是以天下義兵思以爲首上虞女子曹娥父溺江流投水而死立石碑紀炳然著顯王府君曰是既然矣潁川有巢許之逸軌吳有太伯之三讓貴郡雖士人紛紜於此足矣翻對曰故先言其近者耳若乃引上世之事及抗節之士亦有其人昔越王翳讓位逃於巫山之穴越人薰而出之斯非太伯之儔耶且太伯外來之君非其地人也若以外來言之則大禹亦巡於此而葬之矣鄞大里黃公潔已暴秦之世高祖即祚不能一致惠帝恭讓出則濟難徵士餘姚嚴遵王莽數聘抗節不行光武中興然後俯就矯手不拜志陵雲日皆著於傳

籍較然彰明豈如巢許流俗遺譚不見經傳者哉
府君笑曰善哉話言也賢矣非君不著太守未之前
聞也濮陽府君曰御史所云既聞其人亞斯以下書
佐寧識之乎育曰聽仰景行敢不識之近者太守上
虞陳業潔身清行志懷霜雪貞亮之信同操柳下遭
漢中微委官棄祿遁迹黟歙以求其志高邈妙蹤天
下所聞故桓文遺之尺牘之書比竟三高其聰明大
畧忠直謇諤則侍御史餘姚虞翻偏將軍烏傷駱統
其淵懿純德則太子少傅山陰闞澤學通行茂作帝
師儒其雄姿武毅立功當世則後將軍賀齊勳成績
著其探極祕術言合神明則太史令上虞吳範其文
章之士立言粲盛則御史中丞句章任奕鄱陽太守
章安虞翔各馳文檄曄若春榮處士鄮盧敘弟犯公
憲自殺乞代吳寧斯敦山陰祈庚上虞樊正咸代父
死罪其女則松陽柳朱永寧瞿素或一醮守節喪身
不顧或遭寇劫賊死不虧行皆近世之事尚在耳目
府君曰皆海內之英也吾聞秦始皇二十五年以吳
越地爲會稽郡治吳漢封諸侯王以何年復爲郡而

分治於此育對曰劉賈爲荆王賈爲英布所殺又以
劉濞爲吳王景帝四年濞反誅乃復爲郡治於吳元
鼎五年除東越因以其地爲治并屬於此而立東部
都尉後徙章安陽朔元年又徙治鄞或有寇害復徙
句章到永建四年劉府君上書浙江之北以爲吳郡
會稽還治山陰自永建四年歲在巳巳以至今年積
百二十九歲府君稱善是歲吳之太平三年歲在巳
丑育後仕朝常在臺閣爲東觀令遂拜清河太守加
位侍中推刺古
射文藝多通

冠禮不行久矣男子年十六以上畨髮總角長而冠
多於冬至或正旦加網巾于首拜天地祖宗尊長卽
是矣婚必擇門第用士人爲媒女家治酒則爲允謂
之許親酒或用銀牌寫允許二字續後具豬鵞茶餅

之類饋送繼行納幣禮娶之日不親迎用樂婦扶掖成婚雜用踏藁牽紅傳席交盃諸儀即日拜公姑以次及其家衆喪大率用文公家禮惟不行小斂不用布絞其壙塋多砌磚爲槨家饒者乃以石不甚用浮屠既卒哭舍苴經更用細麻布服出謝弔客溺堪輿家說寧緩葬有至二三十年者祭以四時或用四仲分至日或元旦端陽重陽冬至世家咸遵文公禮小戶止列羹飯香燭家長一人口請祖先而已忌日必素服祭終身不廢清明有墓祭不諂神不祭他鬼墳

年一二縉紳家間行冠禮聘不較財婚親迎喪用蔬食葬以期庶幾少移風俗乎

衣服多務爲寬博民戶無貴賤率方巾四裾襊地長服高年者或製深衣幅巾近少年又競爲唐巾鶴氅

爲宴會飲酒無筭客多飲則主人以爲樂或有以勸酬不行而成忿恚者

嘉泰志云吳越春秋有越人相送之辭曰行行各努力蓋自古風俗敦厚重離別篤交親如此故迎則敘間濶送則惜睽異觴豆迭進往往竟日餘樽賸炙淋

濁狠籍舟車結束修有行色至於童僕鈴下挽舟將車之人羅拜于前則亦犒以酒食勉往者以勤悴勞歸者之艮苦恩意曲盡觀者太息亦風俗之厚也

八邑俱有丐戶會稽縣志云夫人之身有瘤也俗亦有瘤俗之瘤則有丐丐以戶稱不知其所始相傳爲宋罪俘之遺故擯之名墮民丐自言則曰宋將焦光瓚部落以叛宋投金故被其内外率習汚賤無賴男子每俟婚喪家或正旦則群索酒食婦則習媒或斥伴良家新娶婦又爲婦買便見竊攘尤善爲流言亂是非間人骨肉四民中居業不得占彼所業民亦絕不冒之男業捕蛙賣餳捣竹燈檠編機扣塑土牛土偶打野

（胡方言跳鬼女則爲人家拗鬏髻梳髮爲髢群走市巷兼便所就）四民中所籍彼不得籍彼所籍民亦絕不入（籍曰丐戶即有產不充糧里長亦禁其充）四民中即所常服彼亦不得服彼所服蓋四民向號曰是出於官特用以辱且别之者也（舊志帽以狗頭裙以横布不長衫扁其門以丐）而籍與業至今不亂服則稍僭而亂矣（其詳載丐别賤錄）以民擯已若是甚也亦競盟其黨以相訟僥必勝於民官茲土者知之則右民偶不及知則亦時左民民恥之務以所沿之俗聞必右而後已於是丐之盟其黨以求右民者滋益甚故曰丐者俗之癰也雖然癰

卒自外於常膚也則癰之也宜苟瘉者肯自咎曰我今且受藥且圖自化爲常膚烏用必癰而决之哉經不云乎人而不仁疾之已甚亂也

元旦男女夙興家主設酒果以奠曰接神男女序拜已乃盛服請親屬賀設酒食相款凡五日乃畢大率以早爲敬諺曰初五初六無酒無肉

立春先一日郡邑官寮畢出迎春東郊閭里無貴賤少長集通衢遊觀相飲樂徵逐至期用巫祝禱祠謂之作春亦曰燒春

元宵明舊制弛禁十日而越中亦頗盛率前二後五毎至正月十三日夜民則比戶接竹棚懸燈大都士製爲多其紙燈頗呈纖巧麥幹燈紅爍如火毬朱門畫屋出奇製炫華飾相矜豪奢閩三齊之琉璃珠滇之料絲丹陽之上料絲金陵之夾紗羊角省城之羊皮燕之雲母毬屏交錯街衢往往彌望而仙釋之居亦垂綵帶懸諸華燈好事者復箕斂於市要區爲烟樓月殿鰲山火架集珍聚奇凡詭具玩好人家有一珍麗必百方索以出參差陳之各以意布置頗有結

構遠望燦爛近視乃精整間鬧以戲劇簫鼓歌謳之
聲諠闐達旦男女縱遊於道極囂雜巨室或由此構
訟極盛者在十五六夜七則稍稀八九更益冷落燈
多懸而不燭二十日猶有置酒者謂之殘燈入下旬
則相率撤棚釋架矣府城內最炫鬧有自遠赴觀者
自有倭患來稍簡約明季復漸起蕭山志曰不如此
以爲不豐之兆諸暨志曰女子出觀燈名過橋謂可
免一歲疾厄新昌志曰街市張燈謂之歡門耆舊續聞陸太
傅公嘗守會稽上元夕放燈特盛士女駢闐有一士
人從貴宦幕外過見其女樂甚都注目久之觀者狎

至觸墮其幕貴宦者執其士以鬬于府公呼而責之曰爲士不克自檢何耶對曰觀者皆然竟皆脫去獨某居後所以被辱公觀其應對不凡必是佳士因謂曰子能賦此班竹簾詩當釋子罪葢用班竹簾爲幕也士人索筆落紙立就其詩曰春風撼撼動簾帷秀戶朱門鎻日垂爲愛好花成片段故教高節有參差又曰昔年珠淚裛虞姬今日侯門作妓衣世事乗除每如此榮華到底是危機公覽詩大奇之延爲上客

社日鄉有社祭

嘉泰志云二月二日始開西園縱郡人遊觀謂之開龍口謂臥龍山也府帥領客觀競渡異時競渡有爭進攘奪之患自史魏公浩爲帥雖設銀杯綵帛不問勝負均以予之自是爲例兒童歌青梅聲調宛轉大抵如

巴峽竹枝之類三月五日俗傳禹生之日禹廟遊人最盛無貧富貴賤傾城俱出士民皆乘畫舫丹堊鮮明酒樽食具甚盛賓主列坐前設歌舞小民尤相矜尚雖非富饒亦終歲儲蓄以爲下湖之行（下湖蓋鄉語也）春欲盡數日遊者益衆千秋觀前一曲亭亦競渡不減西園（郡人謂禹廟爲廟下千秋觀爲先賢堂）至立夏日止今則遇清明節人家揷柳祠墓前後數日或偕少長行賞郊外曰踏青亦有盛聲樂移舟名勝地爲終日遊者亦襲下湖之名舁景色晴霽澄湖曲川畫船相尾羅綺繁華

與桃李相穿暎

三月二十八日俗傳東嶽神誕日蕭山之蒙山餘姚之黄山皆有廟焉自十六日起男女競往燒香羅拜有自家門出且行且拜直至廟者巨戶婦女或不能行且舟則雇人代拜大姓皆樓船載簫鼓至廟拜禱即不拜禱亦鳴榔遊飲姚人謂之遊江至月終乃止

蕭山四月八日浮屠浴佛戶施米穀

嘉泰志云丐戶以立夏日出鮮衣鼓笛相娛非此類則以爲耻今新昌立夏則炙鳥魚蔫菜

端午日以角黍相饋遺設蒲觴磨雄黃飲之仍懸艾虎女子或以繭作虎小兒則綵繩繫臂綴繡符簪艾葉其日多禁忌採藥合藥者率以是日

夏至祀先以麵蕭山各供茶曰夏至茶山會農人作競渡會衣小兒衣歌農歌率數十人共一舟以先後相馳逐觀者如堵

嘉泰志云五月六日觀荷花亦乘畫舫多集於梅山本覺寺同時又遊容山項里六峯觀楊梅

七夕女子于陳瓜果祭賽乞巧

七月十五日古謂中元節俗謂之鬼節僧舍營齋供
閭里作盂蘭會祀先以素饌浮屠然燈人家或然燈
於樹或放水燈閙喧以簫皷兒童則壘甎塔然燈

中秋夜置酒玩月

八月十八日蕭山有觀潮之會

重陽登高蒸米作五色糕亦褁角黍珮萸泛菊府城
剪綵旗供小兒嬉戲諸曁飲茱萸酒必配以豆莢嘉
泰志云是日俗忌不相過必有喪者乃往哭其靈几
且致祭焉不知其所始也

冬至祀先以餛飩亦或宴飲然不拜賀
十二月二十四日俗謂之臘月念四人家男子以是
夜祀竈女子不至品用糖糕先數日丐人飾鬼容執
罷伎鳴鑼鼓沿門叫跳謂之跳竈蓋亦古逐疫之意
自是人家各拂塵換桃符門神春勝春帖懸祖先像
并帖鍾馗圖其諸過歲品物不論貧富各經營預辦
堦坊鼓吹之聲從此鏗鍧相和僧道則作交年保安
疏以送檀越而醫亦餽蒼朮辟瘟丹於常所往來親
戚互爲歲餽酒擔食榼相望於道路蒸粳米半熟名

飯粰稍雜烏豆於內新正數日內翻炊食之

除夕自過午即洒掃堂室掛紙錢於闌旁向暮聚雜柴薪於庭古謂之火山今曰笙盆光燄燭天然紙砲以代爆竹遠近腷膊之聲相聞不絕設祀曰送神已乃闔門集少長歡飲曰分歲有終夜圍爐齋坐者曰守歲

越中當三夏旱甚之時有迎龍之賽不齋虔祈禱惟餙優伶及下戶少年爲諸神佛怪異或扮故事珠翠燦然綺繡陸離彩巾錦帶飄颺風日中艸龍則覆以

錦褾插金首服爲鱗指節爲鎖車馬紛然盡服飾之
鮮麗侏儒里老慕爲奇貨爭預迎至家飲食之用以
鬬異爲仙爲怪其費用率里巷爲伍度人家有無差
泒好事者主其筭大戸競出新奇相炫燿有一珍麗
即後然德色長街通衢迤邐回旋觀者互奔趨顧眄
不給大約若鬬富而餘姚則以大江爲界南北各一
宗遞相競各以閥閱名位假古人相况交矜誇甚則
相嘲誚即觸人忌諱不顧亦大足詫也
國朝以來俗尚稍更然佻薄之餘未能驟返淳厚往

往訐訟成風士之不自愛者武斷鄉曲以謀所私而賈若農權貴自利而已且溺女風滋甚康熙七年里中紳士創育嬰會以挽之文學范嗣任劉世湙何紹美金宗彝等力任其事凡貧不能育與勢不能育者弗論男女咸收而乳哺焉鄉黨捐助不一以為鞠養終不流於婢僕時柴世盛方居京師非僅育嬰又兼埋胔捨棺不惜捐產積歲累月所全以數千計事未有艾而虞敬道虞卿父子皆踵行之蓋一時仁風所扇也後之君子若益勸勉不墜斯事則今日所志特

其高矣云

越俗士風天資頴異每毓奇才自兵火之餘士多失業雖詩書在抱而弦誦未遑郡守何公源濬甫下車首以學校爲重力振士習每試務拔真才以讀書敦倫爲訓一時翕然向風至於三農稼穡所謂國之本民之天也況當四郊多壘山澤之間伏莽尚多倘不力之於田則相誘而爲非者衆矣何公親履南畝勸民力作設酒食錢帛以相慰勞因與父老子弟問詢疾苦諭以爲善息訟田野之人無不感激有至涕零

者時值六月雨澤不降山田苦旱何公精誠步禱三日之間甘霖大沛士民歌之山寇猖獗平復之後難民四散何公爲之捐俸廣贖多方勸募致越郡紳士感頌樂助救援甚衆何公蒞任未及三月而勸學恤民善政廣布茲先舉其大者亦風俗振興之一會也

（翰林院編修朱阜詩）越國來何暮山川瑞藹颺黍禾沾露雨桃李燦宮墻座有懸魚賦人看渡虎航鑑湖多異政歌頌滿黃堂（御史陳可畏詩）紫閬因寇警暨邑市城空羽檄飛軍伍妻孥泣路窮下車先解網捐俸贖兒童仁哉賢大夫家室慶相逢（鍾山進士白夢鼐詩）采蓮香渚采樵風萬壑千巖捧卧龍五馬新傳何水部循良兩漢稱文翁是時東浙多鼙鼓公治以文兼以武瘡痍先自問哀鴻保障應須去猛虎兆鼇

邇日賤儒冠共發交臨勸學難公自下車延較閱一
時文教起凋殘醉本蘭亭土花碧墨池屢易羲之宅
公餘下筆走龍蛇右軍神采猶奕奕憶昔待詔未央
宮稽首　殿下口呼嵩　勅命公等登琬琰大書
祖德與宗功書成寶册獻
天子裝以黄金重玉璽藏之　太廟石室中億萬斯
年永無毀一麾分守閩海湄逆天蠢爾竒張旗殳賊
不能間道走妻子剽顧今流離元精矗矗貫
帝室御屏名冠二千石委宛峯高接禹陵碧珪如月
赤如日君不見會稽流寓謝東山百萬投鞭視等閒
八公草木呼風鶴不使符堅匹馬還又不見秘圖山
下王新建轟如雷霆掣如電生擒寧逆歸王庭獻馘
黌宮開清讌黄堂屏翰古名城蠡種由來慣治兵但
使折衝寓樽俎好教鐘鼓答昇平　順天府丞堂姜
希轍詩越濵江海隅康阜號易治隴畝如繡錯有秋
歌滯穗萑苻起山陬烽火逼郊遂廬舍成丘墟田園
還委棄我公乘傳來寇賊相驚避辛苦集哀鴻及時
在農事嘉種方離離一望參差被常恐民力勞耕耘

失遷次三農一失時本攖憂方至五馬巡陌阡不用策高駟步櫟春風間疾苦親省視勸課惰與勤勉以稼穡利荷鋤田間來酒漿徧爲食餉背苦無衣錢帛充賚賜肘袖索果嘗撫摩飽童稚慰問方諄諄開論冣大義循分勿作非閭黨息詬誶愚樸共惻然長揖告長吏我儕屬小人驅迫惟所置播種方自茲賦稅已孔亟追呼日繁苛誰爲勤撫字重荷使君恩勸勞兼曉譬聽典久未修斎眼茲爲始各自訴衷腸哽咽爲灑淚渤海與潁川高名存蓼䕲何如重賚農金甲銷內地漢家良刺史我公庶無愧如復咏齒屆爲卜蒼生瑞